DAS GROSSE BUCH VOM

FLEISCHGAREN BEI NIEDERTEMPERATUR

ANNEMARIE WILDEISEN

DAS GROSSE BUCH VOM

FLEISCHGAREN BEI NIEDERTEMPERATUR

MIT SAUCEN-KOCHSCHULE

Fotografiert von Andreas Fahrni

AT Verlag

3. Auflage, 2012

Fotos: Andreas Fahrni, Bern
Styling: Erika Kengelbacher
Fotoküche: Tina Furer, Tobias Manz
Bildaufbereitung: Vogt-Schild Druck, Derendingen
Druck und Bindearbeiten: Druckerei Uhl, Radolfzell
Printed in Germany

ISBN 978-3-03800-763-0

www.at-verlag.ch

INHALT

6 **FLEISCH SANFT GAREN**

8 Was Sie schon immer über das Niedertemperaturgaren wissen wollten

10 Fleischstücke, die sich zum Niedertemperaturgaren eignen

14 **KLEINES SAUCEN-ABC**

15 Die wichtigsten Küchengeräte

15 Wie man eine Sauce bindet

16 Das perfekte Würzen und Abschmecken von Saucen

17 Saucen im Voraus zubereiten

18 **DIE SAUCENREDUKTION**
DAS EINMALEINS DER GUTEN SAUCE

20 Saucenbasis Kalbsfond

22 Saucenbasis Geflügelfond

24 Saucenbasis Schmoren

27 Saucenbasis einfache Reduktion

88 **AUFGESCHLAGENE SAUCEN**
SAUCENKLASSIKER

90 Aufgeschlagene kalte Saucen

92 Aufgeschlagene warme Saucen

112 **BUTTERSAUCEN**
ALLES IN BUTTER

114 Buttermischungen

116 Beurre blanc

140 **SAUCEN MIT GEMÜSE**
GEMÜSE UND FLEISCH – EIN IDEALES PAAR

142 Saucen auf Gemüsebasis

176 **DAZU PASST: DIE SCHÖNSTEN BEILAGEN**

195 Rezeptverzeichnis

FLEISCH SANFT GAREN

Das Garen bei Niedertemperatur oder vielmehr das Nachziehenlassen bei 80 Grad im Ofen ist eine genial einfache und sichere Art, um zartes, saftiges Fleisch zu erhalten. Werden einige Grundregeln beachtet, kann eigentlich nichts schief gehen. Alles, was Sie darüber wissen müssen, erfahren Sie in dieser kurzen Einführung.

INHALT

6 **FLEISCH SANFT GAREN**

8 Was Sie schon immer über das Niedertemperaturgaren wissen wollten

10 Fleischstücke, die sich zum Niedertemperaturgaren eignen

14 **KLEINES SAUCEN-ABC**

15 Die wichtigsten Küchengeräte

15 Wie man eine Sauce bindet

16 Das perfekte Würzen und Abschmecken von Saucen

17 Saucen im Voraus zubereiten

18 **DIE SAUCENREDUKTION**
DAS EINMALEINS DER GUTEN SAUCE

20 Saucenbasis Kalbsfond

22 Saucenbasis Geflügelfond

24 Saucenbasis Schmoren

27 Saucenbasis einfache Reduktion

88 **AUFGESCHLAGENE SAUCEN**
SAUCENKLASSIKER

90 Aufgeschlagene kalte Saucen

92 Aufgeschlagene warme Saucen

112 **BUTTERSAUCEN**
ALLES IN BUTTER

114 Buttermischungen

116 Beurre blanc

140 **SAUCEN MIT GEMÜSE**
GEMÜSE UND FLEISCH – EIN IDEALES PAAR

142 Saucen auf Gemüsebasis

176 **DAZU PASST: DIE SCHÖNSTEN BEILAGEN**

195 Rezeptverzeichnis

FLEISCH SANFT GAREN

Das Garen bei Niedertemperatur oder vielmehr das Nachziehenlassen bei 80 Grad im Ofen ist eine genial einfache und sichere Art, um zartes, saftiges Fleisch zu erhalten. Werden einige Grundregeln beachtet, kann eigentlich nichts schief gehen. Alles, was Sie darüber wissen müssen, erfahren Sie in dieser kurzen Einführung.

WAS SIE SCHON IMMER ÜBER DAS NIEDERTEMPERATURGAREN WISSEN WOLLTEN

WAS PASSIERT BEIM NIEDERTEMPERATURGAREN?

Die Niedertemperatur-Garmethode basiert weder auf unerklärlicher Magie noch auf unter Verschluss gehaltenen Küchengeheimnissen, sondern ganz einfach auf Küchenphysik. Beim heissen Anbraten von Fleisch wird dessen Oberfläche quasi «versiegelt»; dadurch zieht sich der Fleischsaft ins Innere des Fleischstücks zurück. Lässt man das Fleisch nun ruhen, kann es sich wieder entspannen. Dabei zirkuliert der Fleischsaft im ganzen Stück und verteilt sich gleichmässig. Je langsamer dies geschieht, umso besser, denn das Fleisch gart dabei leicht weiter. Voraussetzung dafür ist jedoch, dass die Umgebungstemperatur deutlich unter 90 Grad bleibt, jedoch über 56 Grad liegt, jener Temperatur, bei der Eiweiss langsam zu gerinnen beginnt.

WELCHE TEMPERATUR?

Lange Zeit habe ich kleine Fleischstücke bei 70 Grad, grosse bei 80 Grad nachgaren lassen. Diese Unterscheidung mache ich heute nicht mehr, da sich gezeigt hat, dass diese 10 Grad Temperaturunterschied nicht relevant sind. Kleine Fleischstücke lässt man ohnehin nur kurz nachgaren, so dass es auf 10 Grad mehr oder weniger nicht ankommt, bei mittleren und grossen Fleischstücken ist 80 Grad ohnehin die ideale Temperatur.
Den Garprozess praktisch anhalten kann man, indem man die Temperatur gegen Ende der Nachgarzeit auf *60 Grad* reduziert; dann wird das Fleisch fast nur noch warm gehalten. Mit der Zeit verliert es zwar seine zartrosa Farbe, aber es ist in jedem Fall immer noch butterzart – vorausgesetzt natürlich, die Fleischqualität stimmt.
In der Praxis hat sich gezeigt, dass es im unteren Temperaturbereich praktisch keinen Unterschied macht, ob man mit *Unter-/Oberhitze* oder mit *Umluft bzw. Heissluft* niedergart. Wer seinen Ofen eher als «heiss» einschätzt, der kann jedoch bei Verwendung von Umluft bzw. Heissluft 75 Grad als Nachgartemperatur wählen. Viele Konsumenten befürchten, dass mit Umluft bzw. Heissluft das Fleisch austrocknet. Dazu ist festzuhalten: Kleine Fleischstücke bleiben zu wenig lange im Ofen, als dass dies einen Einfluss haben könnte; bei grösseren Fleischstücken ist das Äussere vielleicht ein wenig fester gebacken, was jedoch auf die Saftigkeit im Inneren des Fleischstücks keinen Einfluss hat.

WARUM MUSS FLEISCH FÜR DAS NIEDERTEMPERATURGAREN PARIERT WERDEN?

Fett schmeckt nur dann gut, wenn es sehr heiss und/oder leicht geröstet ist. Da beim Niedertemperaturgaren im Ofen das Fleisch einer anderen Art von Hitzeeinwirkung ausgesetzt ist als beim Kurzbraten in der Pfanne, muss das Fett das Fleisch auch nicht vor dem Austrocknen schützen. Aus diesem Grund schneide ich zum Beispiel den Fettdeckel von Entrecôte oder Nierstück vor dem Anbraten weg. Ganz besonders lohnt es sich beim Lammgigot, die ausgeprägten Fettstellen zu entfernen, da sie bei niederen Gartemperaturen einen sehr ausgeprägten, eher unangenehmen Geschmack entwickeln, der sich auch auf das Fleisch überträgt.
Eine Ausnahme bildet die Entenbrust, bei der sich beim Anbraten der Geschmack des Fetts auf das Fleisch überträgt und ein feines Aroma bewirkt. Meistens schneide ich allerdings vor dem Tranchieren der Entenbrust diese fette Hautseite weg, da sie nach dem Garen oft nicht mehr richtig knusprig ist.

WIE LANGE ANBRATEN UND WIE LANGE NACHGAREN?

Generell gilt: *Je länger man anbrät, desto kürzer ist die Nachgarzeit im Ofen.* Mit diesem Wissen ist es auch möglich, ein Fleischstück nur kurz, jedoch sehr kräftig anzubraten und dann länger im Ofen zu lassen.
Wichtig ist vor allem, dass man immer *sehr heiss anbrät, da das Fleisch vor dem Einschieben in den Ofen eine gewisse Grundtemperatur erreichen muss.* Beim Festlegen der Anbrat- und Nachgarzeit ist die Grösse des Fleischstückes von Bedeutung. Weniger entscheidend als die Länge ist dabei die Dicke des Stücks. Ein Rindsfilet zum Beispiel aus dem Kopfstück, also dem dicksten Teil des Filets, muss 1½–2 Minuten länger angebraten werden als das Mittelstück, der Filetspitz hingegen, der dünnste Teil, etwa 1½–2 Minuten weniger lang als der Mittelteil.
Brät man ein grosses Fleischstück direkt im Ofen an, ist es wichtig, beim Zurückschalten der Hitze auf die Fortgartemperatur die Ofentüre so lange geöffnet zu lassen, bis die Hitze auf 80 Grad abgesunken ist. Wird dies unterlassen, gart das Fleisch zu schnell und vor allem bei zu starker Hitze. Beachten Sie auch, dass das Fleisch beim Anbraten im Ofen – eigentlich handelt es sich dabei eher um ein Anbacken – nur gerade die Farbe verliert, nicht aber bräunt wie beim Anbraten in der Pfanne. Daher das Fleisch auf keinen Fall so lange braten, bis sich braune Stellen bilden – dann ist das Fleisch in der Regel bereits fast durchgegart.
Zum Bestimmen der Nachgarzeit ist neben der Anbratzeit nicht das Fleischgewicht oder die Länge, sondern die Dicke des Fleischstücks massgebend. Deshalb unbedingt Augenmass nehmen und je nach Dicke die Anbrat- und Nachgarzeit entsprechend variieren. Dünnere Stücke wie Pouletbrüstchen, Lammrückenfilets oder Kalbs-, Schweins- oder Lammrückenmedaillons lässt man 45–60 Minuten nachgaren. Mittelgrosse Stücke wie Filets, aber auch Fleisch, das «saignant» oder «à point» sein soll, haben eine Nachgarzeit von 1¼–2 Stunden.

Grosse Stücke wie Kalbsbraten, Roastbeef, Lammgigot usw. werden 2–4 Stunden nachgegart. Weitere Details können Sie der Garzeitenübersicht ab Seite 10 entnehmen.

WIE GELINGEN KLEINE UND KLEINSTE FLEISCHSTÜCKE PERFEKT?

Als Faustregel gilt: Je kleiner das Fleischstück, desto heisser, kräftiger und schneller muss es angebraten werden, und zwar nur gerade so lange, bis die Fleischoberfläche rundum knapp ihre Farbe verloren hat. Dabei hat sich in der Praxis gezeigt, dass es am besten ist, das Fleisch *während drei Viertel der zumeist sehr kurzen Bratzeit auf der ersten Seite zu braten,* dann zu wenden und nur noch so lange weiter zu braten, bis die Fleischoberfläche ihre Farbe verloren hat. Bei Geschnetzeltem soll die zweite Seite noch halb roh sein. Auf diese Weise erhält das Fleisch wenigstens auf einer Seite eine schöne Kruste, ohne dass es dabei zu lange gart.

Geschnetzeltes, Streifen, Würfel und Schnitzelchen werden durchwegs auf höchster Hitzestufe gebraten, da sie insgesamt höchstens 1½–2 Minuten in der Pfanne bleiben. Etwas dickere Stücke wie Medaillons, Koteletts, Pouletbrüstchen usw. brät man 20 Sekunden sehr scharf auf höchster Stufe an, ohne dabei das Fleisch zu wenden, und reduziert die Hitzezufuhr danach um eine bis zwei Stufen. Wird in Portionen angebraten, das Bratfett jedes Mal von neuem wieder stark erhitzen, bevor die nächste Portion Fleisch in die Pfanne kommt.

Auch kleine Fleischstücke dürfen beim Nachgaren auf keinen Fall zugedeckt werden, weder mit Alufolie noch mit einem Deckel; sonst staut sich die Hitze und kann leicht 80 Grad überschreiten.

WARUM ZIEHT DAS FLEISCH WASSER?

Das liegt nur in den allerwenigsten Fällen an der Fleischqualität, sondern an der Köchin oder dem Koch! In der Regel werden nämlich zu grosse Portionen Fleisch auf einmal und diese erst noch zu wenig heiss gebraten. Als Faustregel kann gelten: Jedes Fleischstück muss in der Pfanne so viel Platz haben, dass allfällig austretender Saft sofort verdampfen kann. Zu viel Fleisch in der Pfanne bewirkt zudem einen starken Wärmeverlust am Pfannenboden, so dass aus dem Braten ein Dünsten im eigenen Saft wird.

WARUM HAT SANFT GEGARTES FLEISCH EINE RÖTLICHERE FARBE ALS KONVENTIONELL GEBRATENES?

Dies ist eine Folge der Garmethode (siehe auch «Was passiert beim Niedertemperaturgaren?», Seite 8): Der Fleischsaft bleibt im ganzen Fleischstück verteilt und verändert sich bei den niedrigen Gartemperaturen nur ganz langsam; dies lässt die Fleischfarbe rötlicher aussehen. Das bedeutet aber nicht, dass das Fleisch noch roh oder zu wenig gegart ist. Beim normalen Braten in der Pfanne bei höheren Temperaturen hingegen zieht sich der Fleischsaft relativ schnell ins Innere zurück. Aber auch hier ist im Kern die Fleischfarbe hellrosa, anders als in den äusseren Bereichen. Aus diesem Grund muss man konventionell gebratenes Fleisch nach dem Braten 5–10 Minuten ruhen lassen, damit der Fleischsaft sich wieder im ganzen Stück verteilen kann und beim Aufschneiden nicht ausläuft. Übrigens: Fleischsaft ist nicht Blut, das austritt, sondern eben Fleischsaft. Blut zirkuliert in den Adern, nicht im Muskelfleisch. Deshalb ist auch die Garstufenbezeichnung «blutig» eigentlich nur im übertragenen Sinn zu verstehen.

WIE BRINGT MAN OPTIMAL HEISSES FLEISCH AUF DEN TELLER – TROTZ NIEDERTEMPERATURGAREN?

Für viele Konsumenten ist das Sanftgaren eine ideale Zubereitungsart, weil das Anbraten einige Zeit im Voraus erledigt werden kann und das Fleisch auch bei Verspätung der Gäste oder im Zeitplan köstlich zart bleibt. Immer wieder aber wird bemängelt, dass das Fleisch, bis es auf dem Teller ist, nicht mehr optimal heiss ist.

Aus diesem Grund habe ich vor zwei Jahren angefangen, grössere Fleischstücke am Schluss der Nachgarzeit nochmals kurz zu erhitzen, indem ich die Ofentemperatur in den letzten Minuten kurz erhöht habe. Die Resultate haben mich ermutigt, diesen Wärme-Finish auf die gleiche Weise, wenn auch kürzer auch bei kleineren Fleischstücken zu testen – und die Resultate waren perfekt.

So geht man vor: In der Regel brate ich die Fleischstücke, denen ich einen Wärme-Finish angedeihen lassen möchte, etwas weniger lang an (je nach Grösse insgesamt 1–3 Minuten) und lasse sie dann wie gewohnt die übliche Zeit nachgaren. In den Rezepten in diesem Buch ist dies bereits einberechnet.

Für den Wärme-Finish wird *unmittelbar* vor dem Servieren des Fleisches (das heisst also nicht etwa schon zu Beginn des Essens während der Vorspeise) die Ofentemperatur von bisher 80 Grad bzw. 60 Grad auf 230 Grad Unter-/Oberhitze erhöht. Dabei nimmt das Fleisch *in aufsteigender Temperatur* je nach Grösse des Stücks nochmals 5–10 Minuten Hitze auf. Kleine Fleischstücke, die nur kurz im Ofen verbleiben, erreichen dabei normalerweise die Höchsttemperatur nicht, da ein normaler Backofen 6–8 Minuten braucht, bis er auf 230 Grad aufgeheizt ist. Dies beeinträchtigt die Qualität des Wärme-Finishs aber nicht. Auf keinen Fall das Fleisch aus dem Ofen nehmen und warten, bis der Ofen 230 Grad erreicht hat. Würde man so vorgehen, wäre die plötzliche hohe Temperatur für das langsam, bei sanfter Hitze gegarte Fleisch ein Schock, der Fleischsaft würde sich sofort ins Innere zurückziehen und das Fleisch innerhalb von 2–4 Minuten vollständig durchgaren.

Kleinere Fleischstücke sowie *Rindfleisch, das «saignant» bzw. «à point»* sein soll, bekommen einen Wärme-Finish von

4–5 Minuten, mittlere Stücke je nach Dicke *6–7 Minuten, Bratenstücke* je nach Grösse *8–10 Minuten.*
Wer mit *Umluft- bzw. Heissluft* niedergart, sollte die Temperatur nur auf *200 Grad* erhöhen, da bei dieser Zubereitungsart die Ofenhitze schneller ansteigt als bei Unter-/Oberhitze.
Sobald das Fleisch aus dem Ofen kommt, gilt: *So rasch als möglich aufschneiden und servieren!* Denn die grössere Hitze im Inneren des Fleisches lässt dieses sehr schnell nachgaren, so dass es auch ausserhalb des Ofens nicht mehr lange braucht, bis es durchgegart ist.
Wer einen *Nachservice* plant, sollte das Fleischstück vor dem Anbraten in ein etwas kleineres und ein grösseres Stück schneiden. Ein Kalbsnierstück von 1–1,2 kg zum Beispiel in ein 400–500 Gramm und in ein 600–700 Gramm schweres Stück. Beide Stücke wie im Rezept beschrieben anbraten, dabei das kleinere Stück ½ Minute früher aus der Pfanne nehmen. Anschliessend beide Stücke normal nachgaren lassen. Vor dem Aufheizen des Ofens für den Wärme-Finish das kleinere Stück aus dem Ofen nehmen und in eine doppelte Lage Alufolie gewickelt bereithalten. Das zweite Stück mit dem Wärme-Finish fertig garen. Nach dem Herausnehmen sofort den Ofen wieder auf 80 Grad einstellen, dabei die Ofentüre einen Spalt weit bis halb offen lassen (einige Öfen schalten sich aus, wenn die Tür zu weit geöffnet ist). Sobald der Nachservice fällig ist, das zweite Fleischstück aus der Folie nehmen, in den Ofen geben und die Temperatur von 80 Grad auf 230 Grad erhöhen. Auf diese Weise hat man zweimal perfekt heisses Fleisch, ohne dass das eine Stück durchgegart ist.

FLEISCHSTÜCKE, DIE SICH ZUM NIEDER-TEMPERATURGAREN EIGNEN

Vereinfacht gesagt: Zum Niedertemperaturgaren eignen sich alle zarten Fleischstücke, die rosa oder auf den Punkt gegart werden können. Die Beurteilung der Fleischqualität ist jedoch sehr komplex, da sie von Zucht, Haltung, Fütterung, Schlachtbedingungen sowie von der Fleischreifung abhängig ist. Ein guter Metzger weiss jedoch Bescheid, welche Stücke sich zum Garen bei Niedertemperatur eignen.
Aus bakteriologischen Gründen ist vom Garen ganzer Poulets und Enten abzuraten. Ebenfalls nicht ganz unheikel ist das Niedergaren von Wild, da beim Nachgaren im Ofen eine zusätzliche Fleischreifung stattfindet und dadurch je nach Lagerung und Alter ein sehr ausgeprägtes Aroma oder eine leberähnliche Konsistenz entstehen kann. Hier gilt: Möglichst frisches Wildfleisch wählen (keine Tiefkühlware) und die Nachgarzeit möglichst kurz halten. Für Pferde- und Straussenfleisch gelten die gleichen Garzeiten wie für Rindfleisch.

POULET

Geschnetzeltes
Anbraten: auf der ersten Seite knapp 1 Minute, auf der zweiten Seite noch 15–20 Sekunden. Nachgaren: etwa 20 Minuten.

Streifen/Würfel
Aus der Pouletbrust ragoutgrosse Würfel oder fingerdicke Streifen schneiden. Anbraten: je nach Grösse insgesamt 2½–3 Minuten. Nachgaren: 30–45 Minuten.

Röllchen
Pouletbrüstchen waagrecht halbieren, sodass je 2 Schnitzel entstehen. Diese dünn klopfen, füllen und aufrollen. Anbraten: je nach Dicke rundum 4–5 Minuten. Nachgaren: etwa 30 Minuten.

Schnitzel
Pouletbrüstchen je nach Dicke waagrecht in 2–3 Schnitzel schneiden (gibt es auch fertig zu kaufen). Anbraten: auf der ersten Seite je nach Dicke 1–1½ Minuten, auf der zweiten Seite nur noch 30–45 Sekunden. Nachgaren: 20–30 Minuten.

Brust
Anbraten: je nach Grösse auf jeder Seite 1½–2 Minuten. Nachgaren: 45–60 Minuten. Fertiggaren: 5 Minuten in aufsteigender Hitze.

Nicht geeignet zum Niedertemperaturgaren: Pouletflügelchen, Pouletschenkel, ganze Poulets.

TRUTHAHN

Geschnetzeltes
Anbraten: auf der ersten Seite knapp 1 Minute, auf der zweiten Seite noch 15–20 Sekunden. Nachgaren: etwa 20 Minuten.

Röllchen
Truthahnschnitzel so dünn wie möglich klopfen, füllen und aufrollen. Anbraten: je nach Dicke rundum 4–5 Minuten. Nachgaren: etwa 30 Minuten.

Schnitzel
Anbraten: je nach Dicke auf jeder Seite 1–1½ Minuten. Nachgaren: 15–20 Minuten.

Truthahnbrust
Anbraten in der Pfanne: je nach Grösse (beträchtliche Unterschiede!) 7–10 Minuten. Anbraten im Ofen: Bei 230 Grad in der Mitte je nach Grösse 8–10 Minuten, dann die Temperatur auf

80 Grad reduzieren, Ofentüre etwa 8 Minuten offen lassen, damit die Temperatur rasch absinkt. Nachgaren: je nach Grösse 1½–2¼ Stunden. Fertiggaren: 8 Minuten in aufsteigender Hitze.

Nicht geeignet zum Niedertemperaturgaren: Ragout, Keulen, ganzer Truthahn.

ENTENBRUST

Streifen
Von der Entenbrust die Fetthaut entfernen, die Brust in fingerdicke Streifen schneiden. Anbraten: je nach Dicke und gewünschter Garstufe insgesamt 2–2½ Minuten. Nachgaren: 20–30 Minuten.

Röllchen
Grosse Entenbrüste wählen. Die Haut mitsamt Fettschicht entfernen, dann die Brust in etwa 1½ cm dicke Scheiben schneiden, dünn klopfen, füllen und aufrollen. Anbraten: je nach Dicke und gewünschter Garstufe rundum 2½–3 Minuten. Nachgaren: 20–30 Minuten.

Brust
Anbraten: auf der Fettseite (Haut) 3 Minuten, dann auf der Fleischseite je nach Dicke (Entenbrüstchen können sehr unterschiedlich gross sein!) 1–2 Minuten. Nachgaren: 1–1¼ Stunden. Fertiggaren: 5–6 Minuten in aufsteigender Hitze.

Nicht geeignet sind Schenkel, ganze Enten.

KANINCHEN

Filet
Anbraten: je nach Dicke 3–4 Minuten. Nachgaren: 20–30 Minuten.

Rollbraten
Anbraten: rundum 5 Minuten. Nachgaren: 1–1¼ Stunden. Fertiggaren: 5–6 Minuten in aufsteigender Hitze.

KALB

Geschnetzeltes
Anbraten: auf der ersten Seite ohne Wenden gut 1 Minute, auf der zweiten Seite nur noch gerade 30 Sekunden. Nachgaren: 15–20 Minuten.

Röllchen
Schnitzel möglichst dünn klopfen oder Fleisch vom Metzger mit der Maschine aufschneiden lassen. Anbraten: je nach Dicke rundum 3–4 Minuten. Nachgaren: 20–30 Minuten.

Schnitzel
Anbraten: auf der ersten Seite je nach Dicke 1–1½ Minuten, auf der zweiten Seite noch 30–45 Sekunden. Nachgaren: 20–30 Minuten.

Medaillons
Anbraten: je nach Dicke insgesamt 2–3 Minuten, auch am Rand. Nachgaren: etwa 45 Minuten. Fertiggaren: 4–5 Minuten in aufsteigender Hitze.

Kotelett
Anbraten: etwa 5 Minuten. Nachgaren: etwa 45 Minuten. Fertiggaren: 6–7 Minuten in aufsteigender Hitze.

Steak
Anbraten: je nach Dicke auf jeder Seite 1½–2 Minuten. Nachgaren: 30 Minuten.

Doppelt geschnittenes Steak (Entrecôte double)
Nierstück von 600–700 g halbieren und wenn nötig den Fettdeckel wegschneiden. Anbraten: je nach Dicke rundum insgesamt 2–2½ Minuten, auch an den Seitenrändern. Nachgaren: etwa 1½ Stunden. Fertiggaren: 5–6 Minuten in aufsteigender Hitze.

Filet
Anbraten: je nach Dicke des Filets rundum 4–5 Minuten. Nachgaren: 1¾–2 Stunden. Fertiggaren: 6–7 Minuten in aufsteigender Hitze.

Nierstück
Anbraten in der Pfanne: je nach Dicke 6–8 Minuten, auch an den Rändern. Anbraten im Ofen: bei 230 Grad in der Ofenmitte 8 Minuten, dann Temperatur auf 80 Grad reduzieren, Ofentüre etwa 8 Minuten offen lassen, damit die Temperatur rasch absinkt. Nachgaren: 1½–1¾ Stunden. Fertiggaren: 6–7 Minuten in aufsteigender Hitze.

Runde Nuss
Anbraten in der Pfanne: je nach Dicke 7–8 Minuten. Anbraten im Ofen: je nach Dicke 8–10 Minuten, dann die Temperatur auf 80 Grad reduzieren, Ofentüre etwa 8 Minuten offen lassen, damit die Temperatur rasch absinkt. Nachgaren: etwa 2 Stunden. Fertiggaren: 8 Minuten in aufsteigender Hitze.

Kalbshohrücken
Anbraten: im 230 Grad heissen Ofen 10 Minuten, dann die Temperatur auf 80 Grad reduzieren, Ofentüre etwa 8 Minuten offen lassen, damit die Temperatur rasch absinkt. Nachgaren: etwa 2 Stunden. Fertiggaren: 7–8 Minuten in aufsteigender Hitze.

SCHWEIN

Streifen
Schweinsfilet in fingerdicke Streifen schneiden. Anbraten: je nach Dicke insgesamt 2½–3 Minuten. Nachgaren: 20–30 Minuten.

Röllchen
Schweinsfilet in etwa 1 cm dicke Scheiben schneiden, dünn klopfen, füllen und aufrollen. Anbraten: je nach Dicke rundum 2½–3 Minuten. Nachgaren: 20–30 Minuten.

Medaillons
Anbraten: je nach Dicke insgesamt 2–3 Minuten, auch am Rand. Nachgaren: etwa 45 Minuten. Fertiggaren: 5 Minuten in aufsteigender Hitze.

Steak
Anbraten: je nach Dicke auf jeder Seite 1½–2 Minuten. Nachgaren: 30–45 Minuten.

Kotelett
Anbraten: etwa 5 Minuten. Nachgaren: etwa 45–60 Minuten. Fertiggaren: 6–7 Minuten in aufsteigender Hitze.

Filet
Anbraten: rundum insgesamt 4 Minuten. Nachgaren: 1½–1¾ Stunden. Fertiggaren: 5–6 Minuten in aufsteigender Hitze.

Doppelt geschnittenes Steak (Entrecôte double)
Nierstück von 600–700 g halbieren und wenn nötig den Fettdeckel wegschneiden. Anbraten: je nach Dicke rundum insgesamt 2½–3 Minuten. Nachgaren: 1½–1¾ Stunden. Fertiggaren: 5–6 Minuten in aufsteigender Hitze.

Nierstück
Anbraten in der Pfanne: je nach Dicke 7–8 Minuten, auch an den Rändern. Anbraten im Ofen: bei 230 Grad in der Ofenmitte 8 Minuten, dann Temperatur auf 80 Grad reduzieren, Ofentüre etwa 8 Minuten offen lassen, damit die Temperatur rasch absinkt. Nachgaren: 1½–1¾ Stunden. Fertiggaren: 6–7 Minuten in aufsteigender Hitze.

RIND

Streifen/Würfel
Aus Rindshuft oder Rindsfilet fingerdicke Streifen oder Würfel schneiden. Anbraten: sehr heiss auf der ersten Seite 1 Minute, auf der zweiten nur noch 15–20 Sekunden; das Fleisch soll innen noch roh sein. Nachgaren: etwa 20 Minuten.

Röllchen
Huftplätzchen möglichst dünn klopfen oder vom Metzger mit der Maschine dünn aufschneiden lassen. Anbraten: je nach Dicke rundum 2–2½ Minuten. Nachgaren: 15–20 Minuten.

Medaillon/Steak
Aus Filet oder Huft geschnitten. Anbraten: je nach Dicke und gewünschter Garstufe auf jeder Seite 1–1½ Minuten. Nachgaren: etwa 30 Minuten. Fertiggaren: 4–5 Minuten in aufsteigender Hitze.

Rumpsteak
Anbraten: je nach Dicke und gewünschter Garstufe auf der ersten Seite 1 Minute, auf der zweiten Seite ¾–1½ Minuten. Nachgaren: 20–30 Minuten.

Filet
Anbraten: je nach Dicke und gewünschter Garstufe 4–6 Minuten. Nachgaren: 1 Stunde (blutig) bis 1½ Stunden (rosa). Fertiggaren: 5–7 Minuten in aufsteigender Hitze.

Entrecôte double
Pro Stück 300–400 g schwer. Anbraten: je nach Dicke und gewünschter Garstufe rundum, auch kurz an den Enden, insgesamt 2½–3 Minuten. Nachgaren: 1 Stunde (blutig) bis 1½ Stunden (rosa). Fertiggaren: 5 Minuten in aufsteigender Hitze.

Entrecôte
500–900 g: Anbraten: je nach Dicke und gewünschter Garstufe rundum, auch an den Enden, insgesamt 3–4 Minuten. Nachgaren: 1 Stunde (blutig) bis 1½ Stunden (rosa). Fertiggaren: 5 Minuten in aufsteigender Hitze.
1–1½ kg: Anbraten: je nach Dicke und gewünschter Garstufe rundum, auch an den Enden, insgesamt 4–6 Minuten. Nachgaren: 1¼–1¾ Stunden. Fertiggaren: 5 Minuten in aufsteigender Hitze.

Hohrücken
Bratenstück von 1–1½ kg: Anbraten: rundum 4–5 Minuten. Nachgaren: etwa 2½ Stunden. Fertiggaren: 5–6 Minuten in aufsteigender Hitze.

Roastbeef
Stück von 1½–2 kg: Backofengrill auf 230 Grad vorheizen. Einen Bräter auf der mittleren Rille erhitzen. Fleisch mit heisser Bratbutter oder Olivenöl beträufeln und unter dem Grill bei 230 Grad 10 Minuten anbraten; nach der Hälfte der Anbratzeit wenden. Den Grill ausschalten, Ofentemperatur auf 80 Grad Unter-/Oberhitze einstellen. Die Ofentüre 8 Minuten offen lassen, damit die Temperatur rasch absinkt. Nachgaren: je nach gewünschter Garstufe 2½–3 Stunden. Fertiggaren: 5 Minuten bei aufsteigender Hitze.

LAMM

Streifen/Würfel
Aus Lammrücken, Lammhuft oder Gigotstück fingerdicke Streifen oder Würfel schneiden. Anbraten: sehr heiss auf der ersten Seite 1½ Minuten, auf der zweiten je nach Dicke ½–1 Minute; das Fleisch soll innen noch fast roh sein. Nachgaren: etwa 20 Minuten.

Mini-Filets
Anbraten: je nach Dicke der Filets und gewünschter Garstufe insgesamt 1½–2 Minuten. Nachgaren: 20–30 Minuten.

Medaillons
Aus dem Lammrückenfilet etwa 3 cm dick geschnitten. Anbraten: je nach gewünschter Garstufe auf jeder Seite 1–1½ Minuten. Nachgaren: 20–30 Minuten.

Koteletts
Anbraten: je nach Grösse auf jeder Seite 1–1½ Minuten. Nachgaren: etwa 30 Minuten.

Chops/Gigotsteak
Anbraten: je nach Dicke und gewünschter Garstufe auf jeder Seite 1–1½ Minuten. Nachgaren: 45–60 Minuten. Fertiggaren: 5 Minuten in aufsteigender Hitze.

Rückenfilet
Anbraten: je nach Dicke auf jeder Seite 1–1½ Minuten. Nachgaren: 50–60 Minuten. Fertiggaren: 5 Minuten in aufsteigender Hitze.

Rack
Anbraten: rundum insgesamt etwa 5 Minuten kräftig anbraten. Nachgaren: 45–60 Minuten. Fertiggaren: 6 Minuten in aufsteigender Hitze.

Lammhuft
Anbraten: je nach Grösse 4–6 Minuten. Nachgaren: 1–1¼ Stunden. Fertiggaren: 6 Minuten in aufsteigender Hitze.

Rollbraten
Anbraten: im 230 Grad heissen Ofen 10 Minuten, dann Temperatur auf 80 Grad reduzieren und weitere 10 Minuten in absinkender Hitze garen. Dann die Ofentüre 5 Minuten öffnen, um Resthitze austreten zu lassen. Nachgaren: 50–60 Minuten. Fertiggaren: 8 Minuten in aufsteigender Hitze.

Lammgigot
Backofengrill auf 230 Grad vorheizen. Einen Bräter auf der mittleren Rille erhitzen. Gigot mit Olivenöl einstreichen und unter dem Grill bei 230 Grad insgesamt 12–15 Minuten anbraten, nach der Hälfte der Anbratzeit wenden. Grill ausschalten, Ofentemperatur auf 80 Grad Unter-/Oberhitze einstellen, Ofentüre 8 Minuten offen lassen, damit die Temperatur rasch absinkt. Nachgaren: je nach Grösse 3–3½ Stunden. Fertiggaren: 8 Minuten in aufsteigender Hitze.

KLEINES SAUCEN-ABC

Saucen sind die Quintessenz der feinen Küche. Dies hat der grosse französische Koch Michel Roux einmal gesagt. Doch man muss nicht unbedingt ein Meisterkoch sein, damit eine gute Sauce gelingt. Ihre Zubereitung ist viel einfacher, als man denkt. Neben Fingerspitzengefühl braucht es nämlich vor allem ein paar grundlegende Kenntnisse, und dann gelingen auch Ihnen köstliche Saucen.

DIE WICHTIGSTEN KÜCHENGERÄTE

Für die Zubereitung einer Sauce braucht es keine ungewöhnlichen Küchengeräte. Die meisten der benötigten Gerätschaften findet man in jeder normal ausgestatteten Küche. Für mich unersetzlich sind die folgenden Küchenhelfer:

Kochtöpfe: Praktisch zum Einkochen von Saucen ist ein kleiner bis mittlerer Stieltopf, auch Sauteuse genannt. Ein mittelgrosser Topf ist gut geeignet, um eine Schüssel für die Zubereitung im Wasserbad darüberzusetzen. Ein grosser Topf ist für die Herstellung von Fonds unerlässlich. Bevorzugtes Material für solche Töpfe ist Edelstahl. Und was noch viel wichtiger ist: Die Töpfe sollten einen schweren Boden haben, der die Hitze gut leitet und gleichmässig verteilt. Solche Töpfe sind zwar nicht preisgünstig, halten aber ein Küchenleben lang.

Bratpfanne: Zu unterscheiden gilt es zwischen beschichteten und normalen unbeschichteten Bratpfannen. Am liebsten brate ich in Grossmutters Gusseisenpfanne – und zwar in der emaillierten Ausführung – oder in einer Bratpfanne aus Edelstahl an, da man in diesen einen richtigen Bratensatz mit seinen köstlichen Röstaromen erhält, aus dem sich feine, kleine Saucen zubereiten lassen. Beschichtete Bratpfannen gibt es in sehr unterschiedlichen Qualitäten. Wichtig bei der Wahl einer solchen Pfanne ist, dass die Beschichtung robust und *hoch erhitzbar* ist, nur so kann man perfekt Fleisch anbraten. Empfehlenswert sind zum Beispiel Beschichtungen aus Titan oder hart ionisiertem Aluminium. Der Nachteil von beschichteten Pfannen beim Anbraten: Es braucht zwar weniger Fett, aber es entsteht auch kein nennenswerter Bratensatz als Grundlage für eine kleine Sauce.

Küchensiebe: Praktisch ist eine Auswahl verschieden grosser und vor allem feiner oder gröberer Siebe. Ein kleines, feines, rundes Siebchen brauche ich zum Durchgiessen des Bratenjus, den ich nach dem Ablöschen des Bratensatzes erhalte. Darin bleibt alles hängen, was optisch und geschmacklich nicht in eine Sauce gehört. Ein mittleres, feinmaschiges, spitz zulaufendes Sieb eignet sich zum Durchpassieren von pürierten Saucen. Wer selber Fonds zubereitet, sollte sich unbedingt auch ein grosses, eher gröberes Sieb anschaffen.

Schüsseln: Nicht nur in der Saucenküche gilt: Hände weg von preisgünstigen Plastikschüsseln. Sie nehmen schnell Fremdgerüche an, die man auch mit dem besten Abwaschmittel nie mehr entfernen kann. Gute Schüsseln sind aus Edelstahl gefertigt. Am besten ersteht man sich gleich ein Set von Schüsseln in verschiedenen Grössen. Wer gerne Saucen wie Hollandaise oder Sabayon zubereitet, sollte sich eine spezielle Wasserbadschüssel kaufen. Sie hat einen abgerundeten Boden, damit kein Ei in den Ecken hängenbleiben und gerinnen kann.

Schwing- oder Schneebesen: Empfehlenswert sind mindestens zwei: ein mittlerer bis grosser, eher leichter Schwingbesen mit weichen Drähten zum Aufschlagen von Hollandaise, Sabayon und ähnlichen Saucen sowie ein kleiner Schneebesen mit festen, harten Drähten zum Rühren aller anderen Saucen. Es gibt auch spezielle Saucenbesen, mit denen man die Randzone im Topf gut erreicht.

Stabmixer, Standmixer (Blender): Vor allem der Stabmixer ist in der Saucenküche unentbehrlich: Mit ihm püriert man Gemüsesaucen, schäumt am Schluss vor dem Servieren Rahmsaucen auf und arbeitet die Butterstücke, die man zum Binden beifügt, am effizientesten in die Sauce, wodurch diese besonders schön homogen und samtig wird. Mit Hilfe des Stabmixers bringt man oft auch das Kunststück fertig, eine geschiedene Sauce zu retten. Es lohnt sich, einen strapazierfähigen Stabmixer mit hoher Drehgeschwindigkeit zu kaufen, er hält deutlich länger als billige Modelle und spart erst noch Kalorien, weil mit hoher Geschwindigkeit eingearbeitete Butter besser bindet. Der Standmixer, auch Blender genannt, püriert zwar hervorragend, ist aber nicht besonders gut geeignet für kleine Mengen, wie sie oft im Haushalt verwendet werden.

Fleischklopfer: Ideal ist ein robustes schweres Gerät, das eine glatte Oberfläche aufweist. Gut brauchbar ist auch ein schweres Wallholz, wenn möglich aus Metall, mit dem sich Schnitzel sehr gut dünn klopfen lassen. Weniger geeignet sind Holz oder Marmor, die das Klopfen auf die Arbeitsfläche nicht immer unbeschadet überstehen. Hände weg von einem Fleischklopfer mit Noppen: Mit ihm werden die Fleischfasern nämlich gebrochen, was zu Saftverlust führt.

Reibe/Raffel: Microplane heisst hier das Zauberwort, denn Reiben aus diesem Material reiben Zitrusfrüchte, Gewürze usw. präzise und sauber, ohne Zerfetzen, Zerreisen oder Verkleben. Der einzige Nachteil: Sie sind eher teuer – aber die Investition lohnt sich!

WIE MAN EINE SAUCE BINDET

Eine gute Sauce darf nie wässrig dünn sein. Deshalb ist es wichtig, dass die Saucenbasis sehr gut eingekocht wird. Mein Rat: Lieber zu stark als zu wenig einkochen. Einen zu stark eingekochten Jus kann man problemlos mit etwas Wasser, Fond

oder Bouillon strecken. Hat man jedoch zu viel Flüssigkeit, schmeckt die Sauce nur halb so intensiv. Dies gilt vor allem für die kleinen, «kurzen» Saucen.
Doch was ist die richtige Konsistenz einer Sauce? Dies ist zum einen eine Geschmacksfrage: Manche mögen lieber jusartige Saucen, für andere muss die Sauce eine cremige Konsistenz besitzen. Für mich persönlich ist eine Sauce dann perfekt, wenn sie so gebunden ist, dass sie einen Löffelrücken wie ein Film gleichmässig überzieht und nur langsam zerläuft, statt sofort wieder abzufliessen.
Um einer Sauce eine sämige Konsistenz zu verleihen, muss sie nicht nur eingekocht, sondern auch abgebunden werden. Dazu gibt es verschiedene Möglichkeiten, die manchmal auch kombiniert werden können.

Butter: Butter, die man in kleinen Stücken in die heisse Sauce gibt und durch kreisendes Schwenken der Pfanne oder des Topfes in die Sauce einziehen lässt oder aber mit dem Stabmixer unterarbeitet, verleiht einem Jus Glanz und sorgt für eine leichte Bindung. Da Butter ein hervorragender Geschmacksträger ist, hebt sie zusätzlich die Aromen der Sauce hervor, ohne sie zu verfälschen.

Rahm: Durch Einkochen verdampfen die flüssigen Bestandteile von Rahm, und durch den erhöhten Fettgehalt fängt die Sauce an zu binden. Deshalb gilt: Je höher der Fettgehalt von Rahm, desto schneller bindet die Sauce. Besonders gut binden *Doppelrahm oder Crème double* mit einem Fettgehalt von 45 Prozent. Stattdessen kann man aber auch *Vollrahm* (Fettgehalt mindestens 35 Prozent) so lange reduzieren, bis er cremig bindet. *Crème fraîche*, auch Sauerrahm genannt, ist ein mit Milchsäurebakterien angereicherter Vollrahm von dickflüssiger bis stichfester Konsistenz, der nicht schlagbar ist. Es empfiehlt sich, Crème fraîche vor der Beigabe mit einigen Löffeln heisser Saucenflüssigkeit glatt zu rühren, damit sie keine Klümpchen bildet. Auch sollte man mit Crème fraîche gebundene Saucen nicht mehr allzu lange kochen, sonst flocken sie gerne aus. Nicht geeignet für die Saucenzubereitung sind Halbrahm und Kaffeerahm: *Halbrahm* lässt sich zwar erhitzen, ist jedoch nicht säurebeständig. *Kaffeerahm* ist sowohl hitze- wie säureempfindlich. *Saucenrahm* ist ein Spezialrahm, der mit natürlichen pflanzlichen Bindemitteln angedickt ist und bei der Beigabe zu einer kochenden Sauce nochmals leicht ausquillt. Saucenrahm gibt es sowohl als Halb- wie auch Vollrahm; er ist in beiden Varianten kochfest und säurebeständig. Sein Nachteil: Er hat nicht den gleichen reinen Geschmack wie Voll- oder Doppelrahm.

Mehlbutter, auch Beurre manié genannt, bindet rasch und problemlos. Je nach gewünschter Feinheit der Sauce verknetet man mit einer Gabel weiche Butter und Mehl, entweder zu gleichen Teilen oder aber – dies vor allem aus geschmacklichen Gründen – zwei Teile Butter mit einem Teil Mehl, zu einer homogenen Masse. Diese Mischung schlägt man dann flockenweise unter die kochende Sauce, bis diese bindet. Wichtig: Immer nur kleine Mengen auf einmal zugeben, sonst wird die Sauce zu dick. Die Sauce auf jeden Fall noch kurz weiterkochen lassen, damit kein Mehlgeschmack zurückbleibt. Für eine besonders feine Sauce wird diese nach dem Binden durch ein feinmaschiges Sieb passiert.

Speisestärke: Es gibt sie in puderfeiner Konsistenz (z.B. Maizena) oder als Instant-Saucenpulver. Speisestärke wird immer mit etwas kaltem Wasser angerührt, bevor man sie zur Sauce gibt. Saucen, die mit Speisestärke gebunden sind, nicht mehr lange kochen, sonst verlieren sie ihre Bindung wieder. Generell gilt: Für feine Saucen lieber Mehlbutter verwenden, da Speisestärke der Sauce eine leicht «glasige» Konsistenz verleiht, wie man sie zum Beispiel von der süss-sauren Sauce aus der chinesischen Küche kennt.

Eigelb: Bindet man eine Sauce mit Eigelb, spricht man von «legieren». Dies eignet sich vor allem für helle Rahmsaucen. Man verrührt dazu in einer Schüssel Eigelb mit etwas heisser Saucenflüssigkeit, manchmal auch noch mit Rahm, was eine besonders feine Sauce ergibt, nimmt den Topf mit der fast kochenden Sauce vom Herd und rührt die Eimischung darunter. Die Sauce darf höchstens noch einmal leicht erhitzt werden, aber nicht mehr kochen, sonst gerinnt das Eigelb und bildet Flocken.

Gemüse: Saucen lassen sich auf einfache Art mit mitgekochtem Gemüse oder einem Teil davon pürieren und dadurch binden. Solche Saucen sind besonders bekömmlich, weil leicht und fettarm.

DAS PERFEKTE WÜRZEN UND ABSCHMECKEN VON SAUCEN

Grundsätzlich gilt: Eine Sauce wird erst ganz am Schluss, unmittelbar vor dem Servieren abgeschmeckt. Durch das Einkochen wird nämlich eine Sauce immer intensiver im Aroma, und was man vielleicht 5 Minuten zuvor noch als fad empfunden hat, kann sich jetzt als genau richtig oder sogar als überwürzt herausstellen. Dies gilt ganz besonders, wenn für die Zubereitung der Sauce Bouillon verwendet wurde. Bouillon enthält bereits Salz und wird durch Einreduzieren immer kräftiger und vor allem salziger. Aus diesem Grund empfehle ich bei Ver-

wendung von Bouillon, nur die Hälfte oder noch weniger der empfohlenen Menge zu dosieren, das heisst als Grundlage für eine Sauce nur eine schwache Bouillon zuzubereiten.
Unter «Abschmecken» versteht man in der Regel, eine Sauce am Schluss vor dem Servieren mit Salz und Pfeffer zu würzen. Sind weitere Würzzutaten in der Sauce enthalten wie Senf, Curry, Paprika, Kräuter usw., kann man auch diese zum Nachwürzen verwenden. Aber generell gilt: Salz ist die «reinste» Würze, denn es hebt durch die leichte Säure, die es enthält, das Aroma der anderen verwendeten Zutaten hervor, ohne sie zu verfälschen. Pfeffer kommt immer erst am Schluss in eine Sauce, damit das Aroma und vor allem die frische Schärfe erhalten bleiben.
Aber: Geschmack ist subjektiv, jeder empfindet ein wenig anders. Dies geht auch immer wieder aus der Diskussion rund um die Salz- und Pfeffermenge hervor. Und so kann für die einen eine Sauce zu wenig gewürzt, für die anderen überwürzt sein.
Wenn man beim Probieren der fertigen Sauce das Gefühl hat, dass ihr der letzte Schliff fehlt, gibt es verschiedene Möglichkeiten, sie ohne Salz und Pfeffer nachzuwürzen:

- Schmeckt die Sauce säuerlich oder herb, verleiht ihr eine kleine oder grössere Prise Zucker eine runde, harmonische Note.
- Einige Tropfen Zitronensaft verleihen vor allem Rahm- und Buttersaucen die manchmal nicht vorhandene Säure.
- Ein Spritzer Worcestershiresauce bekommt allen Saucen gut, die Rindfleisch oder Wild begleiten.
- Eine Messerspitze Fleischextrakt (z.B. Liebig's, Marmite, Bovril) rundet alle Saucen ab. Die dunkelbraune, je nach Produkt fast schwarze Paste ist der eingedickte Auszug aus frischem Fleisch; er enthält die löslichen Mineral-, Inhalts- und Geschmacksstoffe, aber praktisch kein Fett und Eiweiss und im Gegensatz zu Bouillon auch kein Salz. Für 1 kg Fleischextrakt werden 30–40 kg Fleisch, meistens vom Rind, benötigt. Das ist auch der Grund, weshalb Fleischextrakt teuer ist; man verwendet ihn allerdings in sehr sparsamen Mengen.
- Auch ein Spritzer Noilly Prat (trockener französischer Wermut) kann bei hellen Saucen, roter Portwein, Madeira oder Cognac bei braunen, kräftigen Saucen Wunder bewirken.

SAUCEN IM VORAUS ZUBEREITEN

Gerade wenn man Gäste hat, ist es ideal, wenn man den Grossteil der Küchenarbeit einige Zeit im Voraus erledigen kann. Dazu gehört auch die Zubereitung der Sauce. Doch gerade weil diese möglichst perfekt auf den Tisch kommen sollte, gilt es einiges zu bedenken:
- *Aufgeschlagene Buttersaucen* wie eine Hollandaise oder Béarnaise lassen sich nur kurz warm halten, am besten in einem Wasserbad. Dazu die Schüssel mit der Sauce in einen grossen Topf mit heissem Wasser stellen. Das Wasser darf dabei die Temperatur von 65 Grad nicht übersteigen, sonst flockt die Sauce aus. Am besten kontrolliert man die Wassertemperatur mit einem Fleischthermometer. Damit die Sauce keine Haut bilden kann, direkt auf die Oberfläche Klarsichtfolie oder ein leicht gefettetes Stück Backpapier legen. Aufgeschlagene Buttersaucen können auf diese Weise 2–3 Stunden warm gehalten werden.
- *Saucen, die mit Butter, auch Gewürzbutter, gebunden werden,* kann man bis auf die Beigabe der Butter einen Tag im Voraus zubereiten. Da man zu diesem Zeitpunkt jedoch das Fleisch noch nicht angebraten und demzufolge auch keinen Bratenjus hat, dünstet man alle anderen in der Sauce enthaltenen Zutaten wie Schalotten, Zwiebel, Kräuter, Gewürze, Pilze, Tomatenpüree usw. zuerst in wenig Butter an, löscht mit der rezeptierten Flüssigkeit ab und lässt diese nach Rezept einkochen. Am nächsten Tag kommt dann nach dem Anbraten des Fleischs noch der aufgelöste Bratensatz zur Reduktion. Unmittelbar vor dem Servieren wird die vorbereitete Sauce aufgekocht und mit der Butter gebunden. Besteht die Sauce nur aus eingekochter Flüssigkeit, wird diese nach Rezept reduziert und vor dem Servieren als Saucenbasis verwendet.
- *Rahmsaucen* werden auf die gleiche Weise wie Buttersaucen vorbereitet, aber im Gegensatz zu diesen kann auch der Rahm bereits beigefügt und reduziert werden. Vor dem Servieren muss man die Sauce also nur noch einmal gut aufkochen und abschmecken. Frische Kräuter erst jetzt dazugeben. Rahmsaucen, die aus dem Kühlschrank kommen, sind durch die Kälte oft relativ dick geworden. Verdünnen Sie sie aber keinenfalls zu früh, denn durch das Erwärmen wird die Sauce wieder flüssiger.
- *Mit Eigelb gebundene Saucen* dürfen nur erwärmt, aber auf keinen Fall aufgekocht werden, da sie sonst gerinnen. Auch hier ist es empfehlenswert, die Eigelb-Legierung erst unmittelbar vor dem Servieren der Sauce beizugeben.

DIE SAUCENREDUKTION

Das Einmaleins der guten Sauce

In der Fleischküche sind es nicht nur die Qualität des verwendeten Stücks und die richtige Garzeit, die aus einem durchschnittlichen Gericht etwas Besonderes machen. Das Glanzlicht setzt die Sauce auf. Für eine gute Sauce braucht man ausser den richtigen Zutaten vor allem etwas Geduld und Fingerspitzengefühl.

Am Anfang aller Saucenkunst steht die Reduktion. Es gibt verschiedene Wege, zum angestrebten Ziel zu kommen. In diesem Kapitel erfahren Sie alles über die Basis einer guten Sauce und können dieses Wissen anschliessend mit den unterschiedlichsten Fleischstücken und Rezepten ausprobieren.

SAUCENBASIS KALBSFOND

Die Zubereitung vieler klassischer Saucen, aber auch neuer Saucenvarianten basiert auf der Grundlage von Fond. Eigentlich ist ein Fond nichts anderes als eine noch nicht fertiggestellte Sauce, die durch die Beigabe weiterer würzender Zutaten erst ihr unverwechselbares Aroma erhält. Die Herstellung ist nicht schwierig, nimmt allerdings etwas Zeit in Anspruch. Man sollte die Kochzeit auf keinen Fall verkürzen, sonst ist der Fond zu schwach im Aroma.

Ein Kalbsfond eignet sich als Grundlage für praktisch alle Fleischsaucen, ob hell oder dunkel. Wird der abgesiebte Fond anschliessend durch kräftiges Einkochen noch um etwa die Hälfte reduziert, erhält man eine «Demi-glace de viande».

Kalbsfond

Ergibt etwa 1 Liter

Je 80 g Karotte, Sellerie und Lauch
2 Esslöffel Oliven- oder Erdnussöl
800 g Kalbsknochen
2 Kalbsfüsschen
25 g Tomatenpüree
¼ l Weisswein
1½ l Wasser
1 Lorbeerblatt
2 Teelöffel Salz
1 Teelöffel schwarze Pfefferkörner
2 Nelken
½ Bund Thymian
1 Bund Petersilie

1 Das Gemüse rüsten (Schälen ist nicht nötig) und in Würfel schneiden.

2 In einem weiten Bräter oder Topf das Öl erhitzen. Knochen und Füsschen darin langsam anbraten, bis sie goldbraun sind *(Bild 1)*; dies dauert etwa 30 Minuten. Die Knochen können auch im auf 180 Grad Umluft/Heissluft vorgeheizten Ofen angebraten werden; dies dauert etwa 20 Minuten.

3 Das Gemüse zu den Knochen geben und 10 Minuten mitbraten. Dann das Tomatenpüree beifügen und nur noch kurz mitrösten *(Bild 2)*. Alles in einen hohen Topf umfüllen und Weisswein sowie Wasser dazugiessen *(Bild 3)*. Den Fond einmal aufkochen lassen, dann im offenen Topf vor dem Siedepunkt 3 Stunden ziehen lassen. Von Zeit zu Zeit mit einem grossen Löffel den Schaum und das Fett abschöpfen *(Bild 4)*.

4 Nach 2 Stunden Kochzeit das Lorbeerblatt dem Rand entlang einschneiden und zusammen mit dem Salz, den grob zerdrückten Pfefferkörnern, den Gewürznelken sowie den Thymian- und Petersilienzweigen beifügen *(Bild 5)*.

5 Ein grosses Sieb mit einem Passiertuch oder einem feinen Küchentuch auslegen und über eine grosse Schüssel setzen. Den Fond durch das Tuch abgiessen *(Bild 6)*.

6 Im Kühlschrank hält sich Fond etwa 4 Wochen. Dazu noch einmal sprudelnd aufkochen, siedend heiss in Gläser mit Drehdeckel oder Einmachgläser füllen und sofort verschliessen. Der Fond kann auch problemlos in Gefrierbeuteln oder im Eiswürfelbehälter bis zu 6 Monate tiefgekühlt werden *(Bild 7)*.

SAUCENBASIS GEFLÜGELFOND

Das gute alte Suppenhuhn ergibt nicht nur eine schmackhafte, kalorienarme und erst noch preisgünstige Mahlzeit; in der Bouillon, die daraus entsteht, steckt ausserdem auch die Kraft für viele Suppen- und Saucenvariationen. Durch die in den Knochen enthaltenen gelierenden Stoffe wird die Brühe beim Abkühlen geleeartig und verleiht Suppen und Saucen nicht nur Würze, sondern macht sie besonders gehaltvoll.
Weil Geflügelfleisch einen hohen Eiweissgehalt hat, sollte man die Kochflüssigkeit nie sprudelnd kochen lassen, sonst gerinnt das Eiweiss und das Fleisch wird zäh und hart. Deshalb auch ein Suppenhuhn immer nur sanft knapp unterhalb des Siedepunkts gar ziehen lassen, wenn das Fleisch noch schmecken soll.

Suppenhuhn
Für 4 Personen

4 Karotten
1 Knollensellerie
1 grosse Stange Lauch
6 grosse Champignons
1 Zwiebel
2 Lorbeerblätter
4 Gewürznelken
2–3 Esslöffel Olivenöl
1 Suppenhuhn von etwa 1,8 kg oder 1 grosses Freilandpoulet
je 4 Zweige Petersilie und Thymian
2 Hühnerbouillonwürfel
Salz, schwarzer Pfeffer aus der Mühle

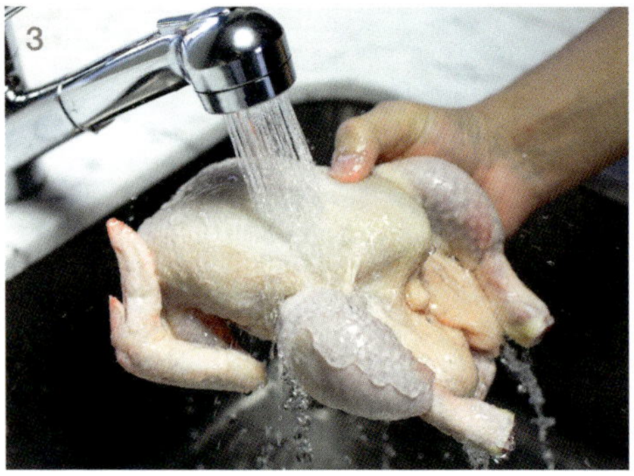

1 Karotten und Sellerie schälen und in kleinfingergrosse Stücke schneiden. Den Lauch rüsten und in Ringe schneiden. Die Stiele der Champignons leicht zurückschneiden, dann die Pilze vierteln *(Bild 1)*. Die Zwiebel schälen und halbieren. Die Lorbeerblätter mit einer Schere dem Rand entlang mehrmals einschneiden. Die Zwiebelhälften mit je 1 Lorbeerblatt sowie 2 Gewürznelken bestecken *(Bild 2)*.

2 In einem grossen Topf das Olivenöl erhitzen. Sämtliche Gemüse und die besteckte Zwiebel darin kräftig anrösten. Mit 1½–2 Litern Wasser ablöschen und aufkochen.

3 Das Huhn kurz unter kaltem Wasser abspülen *(Bild 3)*. Mit den Champignons, den Petersilien- und Thymianzweigen sowie den Bouillonwürfeln in den Sud geben und diesen wieder aufkochen. Den dabei entstehenden Schaum abschöpfen *(Bild 4)*. Nun das Huhn vor dem Siedepunkt gar ziehen lassen. Wichtig: Der Sud darf nie kochen, sonst laugt das Fleisch zu stark aus. Ein Freilandpoulet hat je nach Grösse eine Garzeit von 1¼–1½ Stunden, ein Suppenhuhn je nach Alter und Qualität von 2–4 Stunden.

4 Nach Ende der Garzeit das Huhn sowie die Gemüse sorgfältig aus dem Sud heben und beiseitestellen. Den Sud durch ein Sieb giessen, in die Pfanne zurückgeben und mit einem Löffel die obenauf schwimmende Fettschicht abschöpfen *(Bild 5)*. 300–400 ml Sud für die Fertigstellung des Gerichts beiseitestellen.

5 Das leicht abgekühlte Huhn häuten und in Stücke teilen *(Bild 6)*. Mit dem Gemüse in die beiseitegestellte Bouillon geben und diese mit Salz sowie Pfeffer abschmecken. Langsam aufkochen und das Fleisch nur noch gut heiss werden lassen, jedoch nicht mehr kochen, sonst trocknet es aus.

6 Den restlichen Sud portionieren und tiefkühlen. Er ist eine hervorragende Basis für viele Pouletgerichte und kann im Tiefkühler etwa 6 Monate gelagert werden. Im Kühlschrank aufbewahrt, muss der Sud innerhalb von 4–5 Tagen verwendet werden.

Als Beilage zum Suppenhuhn passen Salzkartoffeln oder auch einfach nur frisches Brot und Butter.

SAUCENBASIS SCHMOREN

Das Schmoren ist eine Garmethode, die sich sowohl für grosse wie kleine Fleischstücke eignet. Es ist eine schonende Zubereitungsart, denn nach dem Anbraten der Fleischstücke werden diese in nicht zu viel Flüssigkeit und vor allem langsam bei moderaten Temperaturen gegart. Dadurch verbinden sich die verschiedenen Aromen der Zutaten intensiv miteinander und es entsteht von selbst eine würzige, charaktervolle Sauce. Und noch einen Vorteil hat das Schmoren: Man braucht dazu nicht die teuersten Fleischstücke, sondern es eignen sich dafür auch preisgünstigere Stücke wie Schulter, Hals oder Haxen.
Die Zubereitung eines Kalbsragouts ergibt eine Basis für feine Saucen, die es mit jedem Fond aufnehmen kann und ist damit eine gute Alternative für alle, die nicht stundenlang Knochen, Fleisch und Gemüse auskochen wollen. Die dabei entstehende Basissauce wird nach Belieben mit Wein, Sherry, Portwein, Marsala usw. aromatisiert, kurz reduziert, mit etwas Butter gebunden und falls gewünscht unmittelbar vor dem Servieren mit 1–2 Esslöffeln geschlagenem Rahm verfeinert. Das Ragout selbst kann man mit einer unkomplizierten Rahmsauce (siehe Rezept Kalbsragout) fertigstellen.

Kalbsragout an Portweinsauce mit Rösttomaten
Für 6 Personen

Ragout (Saucenbasis):
2 Fleischtomaten
2 Karotten
¼ Knollensellerie
1 grosse Zwiebel
2 Knoblauchzehen
1 Bund Thymian
½ Bund Petersilie
2 frische Lorbeerblätter
1,2 kg Kalbsragout
Salz, schwarzer Pfeffer aus der Mühle
2–3 Esslöffel Bratbutter
¼ l Weisswein
insgesamt etwa 1½ l Wasser
Tomaten:
400 g Cherrytomaten
Salz, schwarzer Pfeffer aus der Mühle
Sauce:
⅛ l Basissauce
⅛ l roter Portwein
¼ l Rahm
1 Esslöffel weiche Butter
1 gestrichener Esslöffel Mehl
½ Bund Oregano

1 Die Tomaten in grosse Stücke schneiden. Die Karotten und den Knollensellerie schälen und in Stücke schneiden. Die Zwiebel schälen und in Sechstel schneiden. Die Knoblauchzehen schälen und halbieren *(Bild 1)*. Thymian, Petersilie und die dem Rand entlang eingeschnittenen Lorbeerblätter zu einem Sträusschen binden *(Bild 2)*.

2 Das Kalbsragout mit Salz und Pfeffer würzen. In 4–5 Portionen in der sehr heissen Bratbutter kräftig anbraten, damit es viel Farbe erhält; dies gibt einen guten Geschmack und der Sauce eine schöne Farbe *(Bild 3)*. Aus der Pfanne nehmen. Den Bratensatz mit dem Weisswein auflösen und durch ein feines Sieb in ein Schüsselchen giessen *(Bild 4)*.

3 Erneut etwas Bratbutter in die Pfanne geben. Karotten, Sellerie, Zwiebel und Knoblauch darin ebenfalls kräftig anrösten. Dann den Bratenjus sowie das Fleisch wieder beifügen, etwa drei Viertel der Wassermenge angiessen *(Bild 5)*, Tomatenwürfel und Kräutersträusschen dazugeben. Alles zum Kochen bringen und insgesamt etwa $1\frac{1}{2}$–$1\frac{3}{4}$ Stunden kochen lassen; das Fleisch soll so weich sein, dass man es mit einer Gabel zerteilen kann. Nach der Hälfte der Kochzeit das restliche Wasser beifügen.

4 Während das Ragout kocht, den Ofen auf 160 Grad Umluft (175 Grad Unter-/Oberhitze) vorheizen. Die Cherrytomaten halbieren, mit der Schnittfläche nach oben auf ein Blech legen, mit Salz und Pfeffer würzen. Im heissen Ofen mit leicht geöffneter Türe (Holzkelle dazwischenklemmen!) etwa 50 Minuten rösten.

5 Wenn das Fleisch sehr weich gegart ist, die Ragoutstücke herausheben und beiseitestellen. Zu den im Topf verbliebenen Zutaten 300 ml Wasser hinzufügen und das Ganze nochmals 10 Minuten kräftig kochen lassen *(Bild 6)*. Je länger der Fond einkocht, desto intensiver wird der Geschmack. Alles durch ein Sieb giessen, dabei die Zutaten leicht ausdrücken.
Die so gewonnene Saucenbasis kann nach dem Erkalten im Eiswürfelbehälter tiefgekühlt werden; mit einigen gefrorenen Fondwürfeln lässt sich so jede Sauce aromatisieren. Oder man kocht den Fond noch einmal auf und füllt ihn siedend heiss in Gläser mit Schraubverschluss; auf diese Weise ist er im Kühlschrank etwa 4 Wochen haltbar.

6 Für das Ragout die Basissauce und den roten Portwein gut zur Hälfte einkochen lassen. Den Rahm beifügen und kurz mitkochen. Butter und Mehl mit einer Gabel verkneten und flockenweise in die leicht kochende Sauce geben. Mit Salz und Pfeffer würzen. Den Oregano hacken und mit dem Fleisch beifügen. Alles noch etwa 10 Minuten zugedeckt kochen lassen.

7 Vor dem Servieren die gerösteten Cherrytomaten zum Ragout geben. Zugedeckt 2 Minuten heiss werden lassen.

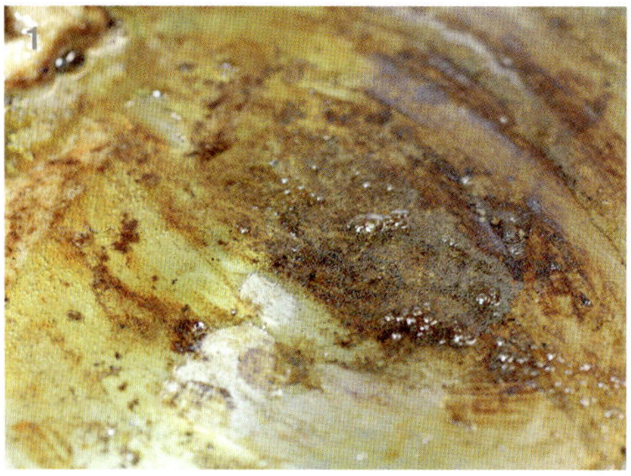
1

2

3

4

SAUCENBASIS EINFACHE REDUKTION

Die einfachste Art der Saucenzubereitung ergibt sich aus dem Bratensatz. Nach dem Braten von Fleisch bleibt in der Pfanne neben dem Fettstoff eine braune Kruste zurück *(Bild 1)*. Dies ist nichts anderes als karamellisierter Fleischsaft. Er bildet eine ausgezeichnete Basis für eine Sauce.

1 Man löst den Bratensatz mit Wein, trockenem Sherry, Noilly Prat (würziger französischer Wermut), weissem oder rotem Portwein, Madeira, Marsala, Gemüse-, Hühner- oder Kalbsfond, Bouillon, Wasser oder einer Mischung verschiedener Flüssigkeiten auf *(Bild 2)*. Nicht zu viel davon in die Pfanne giessen! Als Faustregel gilt: höchstens 150–200 ml auf einmal.
Es empfiehlt sich, nach dem Ablöschen des Bratensatzes den gewonnenen Bratenjus durch ein feines Sieb zu giessen *(Bild 3)*, um überschüssiges Fett sowie dunkle Rückstände zu entfernen, die eine Sauce sonst bitter schmecken lassen können.

2 Die Saucenflüssigkeit lässt man nun mindestens zur Hälfte einkochen. Erst dann allenfalls nochmals etwas Flüssigkeit zugeben und diese wieder einkochen lassen. Das Einkochen sollte bei grosser Hitze geschehen, damit die Flüssigkeit möglichst rasch verdampft *(Bild 4)*.

3 Am Schluss wird die so entstandene Sauce mit Rahm *(Bild 5)* oder einem Stück Butter, das man unter kreisendem Schwenken der Pfanne in die Sauce einziehen lässt, leicht gebunden *(Bild 6)*. Letzteres ergibt eine kleine Saucenmenge, die aber von besonders feinem Geschmack ist. Gewürzt wird eine Sauce erst ganz am Schluss, denn durch das Einkochen wird der Geschmack immer intensiver.

5

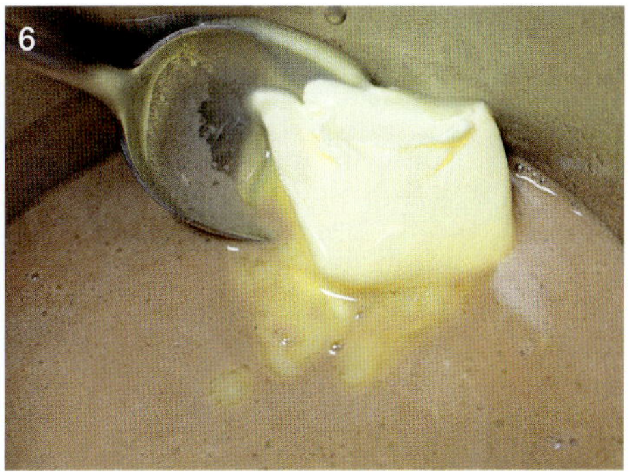
6

GESCHNETZELTES KALBFLEISCH MIT MORCHEL-KERBEL-SAUCE

Für Gerichte mit getrockneten Morcheln verwende ich das Einweichwasser nur selten. Oft schmeckt es nämlich ausgeprägt rauchig und sehr intensiv, sodass der Geschmack der übrigen Zutaten vom Morchelgeschmack überdeckt wird. Während frische Morcheln nämlich sehr zart im Aroma sind, wird bei den getrockneten der Geschmack durch das Dörren verstärkt. Werden die getrockneten Pilze jedoch genügend lange eingeweicht und mehrmals mit Wasser durchgespült, schmecken sie wieder fast wie frische. Anstelle von Morcheln kann man selbstverständlich auch frische Champignons oder gedörrte Steinpilze verwenden.

Für 4 Personen

20 g getrocknete Morcheln
1 grosse Schalotte
2 Esslöffel Bratbutter
500 g geschnetzeltes Kalbfleisch
Salz, schwarzer Pfeffer aus der Mühle
150 ml weisser Portwein, ersatzweise halb trockener Sherry, halb Weisswein
100 ml Weisswein
1 Esslöffel Butter
1 Teelöffel Fleischextrakt
½ Bund Kerbel
200 ml Rahm
wenn nötig einige Tropfen Zitronensaft

1 Die Morcheln unter fliessendem warmem Wasser gründlich spülen. Dann mit Wasser bedeckt etwa ½ Stunde einweichen lassen, dabei das Wasser zwei- bis dreimal wechseln. Zuletzt die Morcheln abschütten und auf Küchenpapier abtropfen lassen. Die Morcheln grob hacken.

2 Den Backofen auf 80 Grad vorheizen und eine Platte mitwärmen.

3 Die Schalotte schälen und fein hacken.

4 In einer Bratpfanne gut die Hälfte der Bratbutter rauchheiss erhitzen. Das Kalbfleisch mit Salz und Pfeffer kräftig würzen. Die Hälfte des Fleischs in der Pfanne so verteilen, dass jedes Fleischstückchen mit der einen Seite auf dem Pfannenboden liegt. Auf der ersten Seite gut 1 Minute ohne Wenden anbraten. Dann das Fleisch mit der Bratschaufel lösen und auf der zweiten Seite nur noch gerade 30 Sekunden weiterbraten. Sofort aus der Pfanne nehmen und auf die vorgewärmte Platte in den 80 Grad heissen Ofen geben. Die zweite Portion Fleisch in der restlichen stark erhitzten Bratbutter auf die gleiche Weise anbraten. Das Geschnetzelte bei 80 Grad 15–20 Minuten nachgaren lassen.

5 Den Bratensatz mit Portwein und Weisswein ablöschen und durch ein feines Sieb in ein kleines Gefäss umgiessen. Beiseitestellen.

6 In einem kleinen Topf die Butter erhitzen. Die Morcheln und die Schalotte darin andünsten. Den beiseitegestellten Bratenjus dazugiessen und den Fleischextrakt beifügen. Alles bei grosser Hitze gut zur Hälfte einkochen lassen.

7 Inzwischen die Kerbelblättchen von den groben Stielen zupfen und nicht zu fein hacken.

8 Den Rahm zur eingekochten Morchelsauce geben und alles nochmals so lange reduzieren, bis die Sauce leicht bindet.

9 Unmittelbar vor dem Servieren den Kerbel zur Sauce geben und diese mit Salz, Pfeffer und einigen Tropfen Zitronensaft abschmecken. Über das Geschnetzelte geben und sofort servieren.

Dazu passt: Basmatireis, Pistazien-Zitronen-Reis (Rezept Seite 189), feine Nudeln, in Butter gebratene kleine Schalenkartoffeln.

Zubereitung auch geeignet für:
Pouletbrüstchen: Fleisch in Würfel schneiden, in mehreren Portionen je nach Grösse insgesamt 2–3 Minuten anbraten und 30–45 Minuten nachgaren.
Kaninchenfilets: Die Filets je nach Dicke rundum insgesamt 3–4 Minuten anbraten und 20–30 Minuten nachgaren.
Truthahnschnitzel: Je nach Dicke insgesamt 2–3 Minuten anbraten und 15–20 Minuten nachgaren. Zum Servieren die Schnitzel auf der Platte mit der Sauce übergiessen.
Kalbsmedaillons: Je nach Dicke insgesamt 2–3 Minuten anbraten und etwa 45 Minuten nachgaren. Fertiggaren: 4–5 Minuten in aufsteigender Hitze (siehe dazu Seite 9).
Schweinsfiletmedaillons: Gleiche Zubereitungsart wie Kalbsmedaillons.

RINDSHUFTSTREIFEN MIT STILTON-WHISKY-SAUCE

Obwohl ich keine ausgesprochene Blauschimmelkäse-Liebhaberin bin, gehört der englische Stilton zu den von mir geschätzten Käsespezialitäten, gibt es ihn doch in verschiedenen Variationen von mild bis kräftig. Für diese Stilton-Whisky-Sauce bevorzuge ich ein eher feines Aroma. Der Stilton kann auch durch Roquefort, Gorgonzola oder – besonders mild – Mascarpone-Gorgonzola ersetzt werden.

Für 4 Personen

500 g Rindshuft am Stück
Salz, schwarzer Pfeffer aus der Mühle
2 Esslöffel Bratbutter
50 ml Whisky
1 Schalotte
1 Esslöffel Butter
¼ l Kalbsfond oder leichte Hühnerbouillon
150 ml Rahm
100 g Stilton oder ersatzweise Mascarpone-Gorgonzola
½ Bund Estragon

1 Den Backofen auf 80 Grad vorheizen und eine Platte mitwärmen.

2 Die Rindshuft in fingerdicke, etwa 3 cm lange Streifen schneiden. Salzen und pfeffern.

3 In einer Bratpfanne die Bratbutter rauchheiss erhitzen. Die Fleischstreifen in 2 Portionen kräftig auf der ersten Seite 1 Minute, auf der zweiten nur noch 15–20 Sekunden anbraten; das Fleisch soll innen noch roh sein. Sofort auf die vorgewärmte Platte geben und im 80 Grad heissen Ofen etwa 20 Minuten nachgaren lassen.

4 Den Bratensatz mit Whisky auflösen und durch ein Sieb in ein kleines Gefäss giessen. Beiseitestellen.

5 Die Schalotte schälen und fein hacken. In einem kleinen Topf in der warmen Butter andünsten. Mit dem beiseitegestellten Bratenjus sowie Kalbsfond oder Bouillon ablöschen. Die Sauce bei grosser Hitze auf 100 ml einkochen lassen. Dann den Rahm beifügen und die Sauce nochmals um gut ein Drittel reduzieren.

6 Inzwischen den Stilton grob reiben oder den Mascarpone-Gorgonzola in kleine Stücke teilen. Den Estragon fein hacken.

7 Unmittelbar vor dem Servieren die Sauce nochmals aufkochen. Stilton und Estragon beifügen und den Käse schmelzen lassen. Mit Salz und Pfeffer abschmecken. Die Rindshuftstreifen mitsamt dem ausgetretenen Saft beifügen, alles mischen und sofort servieren.

Dazu passt: Basmatireis, roter Camarguereis, Karotten mit grünen Oliven (Rezept Seite 178), gedünsteter Blattspinat, in der Folie gebackene Kräuterkartoffeln (Rezept Seite 186)

Zubereitung auch geeignet für:
Lamm: Lammrückenfilet oder Gigot (Keule) in fingerdicke Streifen schneiden. Je nach Dicke und gewünschter Garstufe während insgesamt 2–2½ Minuten anbraten und etwa 20 Minuten nachgaren.
Schweinsfilet: Das Fleisch in fingerdicke Streifen schneiden. Je nach Dicke während insgesamt 2½–3 Minuten anbraten und 20–30 Minuten nachgaren.
Pouletbrüstchen: Fleisch in Würfel oder fingerdicke Streifen schneiden, je nach Grösse insgesamt 2½–3 Minuten anbraten und bei 80 Grad 30–45 Minuten nachgaren.

POULETWÜRFEL MIT LIEBSTÖCKELSAUCE

Mit der Liebe hat der Name des Liebstöckels nichts zu tun; er stammt vielmehr vom lateinischen «ligusticum», da die Pflanze im alten Ligurien eines der beliebtesten Würzkräuter war. Bei uns besser bekannt ist das intensiv nach «Maggiwürze» duftende Kraut unter der Bezeichnung «Maggikraut». Die Intensität des Geschmacks hängt davon ab, woher der Liebstöckel stammt. Bei im Freiland gezogenem Liebstöckel genügen oft schon ein paar wenige Blätter, während solcher aus dem Treibhaus buchstäblich bundweise verwendet werden kann. Am besten probiert man vor der Verwendung ein Blatt. Anstelle von Liebstöckel kann dieses Gericht übrigens auch mit Estragon oder Oregano zubereitet werden – aber auch hier ist bei der Dosierung Vorsicht geboten.

Für 4 Personen

1 kleine Zwiebel
1 mittlere Karotte
1 Stück Knollensellerie in der Grösse der Karotte
etwa ½ Bund Liebstöckel
600 g Pouletbrüstchen
Salz, schwarzer Pfeffer aus der Mühle
edelsüsses Paprikapulver
2 Esslöffel Bratbutter
200 ml Weisswein
150 ml Rahm
1 Teelöffel Senf

1 Den Backofen auf 80 Grad vorheizen und eine Platte mitwärmen.

2 Die Zwiebel schälen und fein hacken. Die Karotte und den Sellerie schälen und in kleinste Würfelchen schneiden (sogenannte Brunoise). Die Liebstöckelblätter hacken.

3 Die Pouletbrüstchen in grosse Würfel schneiden. Mit Salz, Pfeffer und etwas Paprika würzen.

4 In einer Bratpfanne die Hälfte der Bratbutter kräftig erhitzen. Die Hälfte der Pouletwürfel darin rundum 2½–3 Minuten anbraten. Sofort auf die vorgewärmte Platte geben. Die restliche Bratbutter wiederum kräftig erhitzen und die zweite Portion Fleisch auf die gleiche Weise anbraten. Die Pouletwürfel im 80 Grad heissen Ofen 30–45 Minuten nachgaren lassen.

5 Im Bratensatz Zwiebel, Karotte und Sellerie andünsten. Mit dem Weisswein ablöschen und diesen bei grosser Hitze gut zur Hälfte einkochen lassen.

6 Rahm und Liebstöckel zur eingekochten Sauce geben und noch so lange kochen lassen, bis die Sauce leicht cremig bindet. Beiseitestellen.

7 Vor dem Servieren die Sauce nochmals aufkochen. Einige Esslöffel Sauce mit dem Senf verrühren, beifügen und die Sauce mit Salz und Pfeffer sowie wenn nötig Liebstöckel abschmecken. Dann die Pouletwürfel mit der Sauce mischen und nur noch gut heiss werden lassen. Sofort anrichten.

Dazu passt: Basmatireis, feine Nudeln, Karottenpüree mit grünem Pfeffer (Rezept Seite 190), Mandelspätzli (Rezept Seite 182)

Zubereitung auch geeignet für:
Geschnetzeltes Kalbfleisch: Auf der ersten Seite ohne Wenden gut 1 Minute, auf der zweiten Seite nur noch gerade 30 Sekunden anbraten, dann 15–20 Minuten nachgaren.
Schweinsfilet: Das Fleisch in fingerdicke Streifen schneiden. Insgesamt 2½–3 Minuten anbraten und 20–30 Minuten nachgaren.
Truthahnschnitzel: Je nach Dicke insgesamt 2–3 Minuten anbraten, dann 15–20 Minuten nachgaren. Zum Servieren die Schnitzel auf der Platte mit der Sauce übergiessen.
Kalbskotelett: 5 Minuten abraten und 45–60 Minuten nachgaren. Fertiggaren: 6–7 Minuten in aufsteigender Hitze (siehe dazu Seite 9). Zum Servieren die angerichteten Koteletts mit der Sauce umgiessen.

POULETRÖLLCHEN MIT MEERRETTICH UND SHERRYSAUCE

Einfach, aber wirkungsvoll sind diese Poulet-Fleischvögelchen mit einem Innenleben aus Meerrettichpaste und Rohschinken. Je nach Jahreszeit kann man nach Belieben auch frisch geriebenen Meerrettich verwenden; diesen jedoch sparsamer als jenen aus dem Glas dosieren. Bei fertiger Meerrettichpaste sollte man auf die kleingedruckte Zutatenliste achten, denn viele dieser Fertigprodukte enthalten Mayonnaise. Kaufen Sie vorzugsweise eine österreichische oder süddeutsche Paste, da diese oft einen reineren Meerrettichgeschmack haben.

Für 4 Personen

4 Pouletbrüstchen
8 gehäufte Teelöffel Meerrettichpaste aus dem Glas
8 Scheiben Rohschinken
8 Salbeiblätter
Salz, schwarzer Pfeffer aus der Mühle
1 Esslöffel Bratbutter
100 ml trockener Sherry
200 ml Rahm
Zum Abschmecken:
1–2 Esslöffel Meerrettichpaste, je nach Schärfe und Geschmack
etwas Zitronensaft

1 Den Backofen auf 80 Grad vorheizen und eine Platte mitwärmen.

2 Die Pouletbrüstchen waagrecht halbieren. Jedes Schnitzel zwischen Klarsichtfolie mit einem Fleischklopfer oder mit dem Teigroller sehr dünn klopfen.

3 Jedes Pouletschnitzel mit 1 gehäuften Teelöffel Meerrettichpaste bestreichen und mit 1 Scheibe Rohschinken belegen. Die Schnitzel satt aufrollen, mit je 1 Salbeiblatt belegen und mit Holzstäbchen fixieren.

4 Die Pouletröllchen mit Salz und Pfeffer würzen. In einer Bratpfanne die Bratbutter kräftig erhitzen. Die Röllchen darin rundum 3–4 Minuten anbraten. Aus der Pfanne nehmen, auf die vorgewärmte Platte geben und im 80 Grad heissen Ofen etwa 30 Minuten nachgaren lassen.

5 Den Bratensatz mit dem Sherry ablöschen und diesen zur Hälfte einkochen lassen. Dann durch ein Sieb in einen kleinen Topf umgiessen. Den Rahm beifügen und die Sauce noch so lange kräftig kochen lassen, bis sie leicht bindet.

6 Unmittelbar vor dem Servieren die Sauce nochmals aufkochen und mit Meerrettichpaste, Zitronensaft, Salz und Pfeffer abschmecken. Über die Pouletröllchen geben und sofort servieren.

Dazu passt: Kartoffelküchlein mit Spinat (Rezept Seite 193), Kürbis-Knoblauch-Püree (Rezept Seite 184), Basmatireis, gedünstete Karotten mit viel Petersilie

Zubereitung auch geeignet für:
Schweinsfilet: Das Filet in etwa 1 cm dicke Scheiben schneiden, dünn klopfen, je nach Grösse mit ¼–½ Rohschinkenscheibe und etwas Meerrettich belegen. Je nach Dicke rundum 2½–3 Minuten anbraten und 20–30 Minuten nachgaren.
Entenbrust: Haut mitsamt Fettschicht entfernen, dann die Brust in etwa 1½ cm dicke Scheiben schneiden, dünn klopfen, je nach Grösse mit ¼–½ Rohschinkenscheibe und etwas Meerrettich belegen. Je nach Dicke rundum 2½–3 Minuten anbraten und 20–30 Minuten nachgaren.

KALBFLEISCHVÖGELCHEN MIT LEICHTER ROQUEFORTSAUCE

Es ist wie bei vielen Würzzutaten: Das Mass der Dinge entscheidet, ob eine Zutat ein Gericht dominiert oder ihm eben die raffinierte Note verleiht. Das gilt ganz besonders für Roquefortkäse: Zurückhaltend verwendet, verleiht er vielen hellen Saucen eine diskrete Würze, bei der man den Blauschimmelkäse kaum herausschmecken kann.

Für 4 Personen

1 Bund Frühlingszwiebeln
1 Bund Petersilie
2 Esslöffel Butter
8 mittlere Kalbsplätzchen, je gut ½ cm dick geschnitten
4 grosse Scheiben Schinken
1 Schalotte
1 Esslöffel Bratbutter
Salz, Pfeffer aus der Mühle
100 ml Weisswein
200 ml Gemüsebouillon
150 ml Rahm
40 g eher milder Roquefort
wenig Zitronensaft

1 Die Frühlingszwiebeln mitsamt schönem Grün hacken. Die Petersilie ebenfalls hacken.

2 In einer Bratpfanne 1 Esslöffel Butter erhitzen. Frühlingszwiebeln und Petersilie darin 2–3 Minuten andünsten. Abkühlen lassen.

3 Den Backofen auf 80 Grad vorheizen und eine Servierplatte mitwärmen.

4 Die Kalbsplätzchen zwischen Klarsichtfolie vorsichtig dünn klopfen. Mit je ½ Scheibe Schinken und etwas Frühlingszwiebeln belegen. Aufrollen und mit Holzstäbchen verschliessen.

5 Die Schalotte schälen und fein hacken.

6 In einer Bratpfanne die Bratbutter kräftig erhitzen. Die Kalbsröllchen rundum mit Salz und Pfeffer würzen. In der sehr heissen Bratbutter je nach Dicke der Röllchen rundum insgesamt 3–4 Minuten anbraten. Dann sofort auf die vorgewärmte Platte geben und im 80 Grad heissen Ofen 20–30 Minuten nachgaren lassen.

7 Nochmals 1 Esslöffel Butter zum Bratensatz geben und die Schalotte darin andünsten. Weisswein und Gemüsebouillon dazugiessen und auf etwa 100 ml einkochen lassen. Durch ein feines Sieb in einen kleinen Topf umgiessen. Den Rahm beifügen. Die Sauce mit dem Stabmixer möglichst fein pürieren. Dann nochmals um gut ein Drittel einkochen lassen. Beiseitestellen.

8 Unmittelbar vor dem Servieren die Sauce nochmals aufkochen. Den Roquefort in kleinen Stücken hineingeben, mit dem Stabmixer nochmals gut durchmixen und die Sauce mit Salz, Pfeffer und Zitronensaft abschmecken.

9 Zum Servieren die Kalbsröllchen schräg halbieren. Auf Tellern anrichten und mit der Roquefortsauce umgiessen.

Dazu passt: Stroh und Heu (feine gemischte weisse und grüne Nudeln, als Frischteigwaren in grossen Lebensmittelgeschäften erhältlich), Basmatireis, Safranrisotto (Rezept Seite 179), in Butter gebratene kleine Schalenkartoffeln, gedünsteter Spinat.

Zubereitung auch geeignet für:
Pouletbrüstchen: Die Brüstchen waagrecht halbieren, sodass je 2 Schnitzel entstehen und diese dünn klopfen. Die Röllchen je nach Dicke 4–5 Minuten anbraten und etwa 30 Minuten nachgaren.
Truthahnschnitzel: Schnitzel so dünn wie möglich klopfen. Die Röllchen je nach Dicke 4–5 Minuten anbraten und etwa 30 Minuten nachgaren.
Schweinsfilet: Das Filet in etwa 1 cm dicke Scheiben schneiden und dünn klopfen. Die Röllchen je nach Dicke rundum 2½–3 Minuten anbraten und 20–30 Minuten nachgaren.

SCHWEINSFILET-PEPERONI-RÖLLCHEN MIT SHERRYJUS

Beim Aufschneiden offenbaren diese Fleischröllchen ihr überraschendes Innenleben in Form einer gelben beziehungsweise roten Füllung. Diese besteht aus vorgebackenen geschälten Peperonistreifen. Lassen Sie sich nicht dazu verleiten, sich diesen Arbeitsgang aus Zeitgründen zu ersparen. Die Peperoni sind zum einen viel aromatischer, wenn sie zuvor im Ofen geröstet werden, und sie sind, wenn man die papierdünne, aber zähe Haut entfernt, auch gut verdaulich.

Für 4–6 Personen

Je 2 rote und gelbe Peperoni (Paprika)
16 Scheiben Schweinsfilet, je 1 cm dick geschnitten
16 grosse Basilikumblätter für die Röllchen
3–4 Esslöffel Olivenöl
Salz, schwarzer Pfeffer aus der Mühle
edelsüsses Paprikapulver
100 ml trockener Sherry oder weisser Portwein
200 ml Geflügelfond oder leichte Hühnerbouillon
½ Bund Basilikum für die Sauce
40 g Butter

1 Den Backofen auf 230 Grad vorheizen.

2 Die Peperoni vierteln, entkernen und mit der Hautseite nach oben auf ein mit Backpapier belegtes Blech legen. Im 230 Grad heissen Ofen im oberen Drittel so lange rösten, bis die Haut dunkle Blasen wirft. Herausnehmen, mit einem feuchten Tuch bedecken und 5 Minuten stehen lassen. Dann die Haut mit Hilfe eines spitzen Messers abziehen. Die Peperoniviertel nochmals der Länge nach halbieren.

3 Die Ofentemperatur auf 80 Grad reduzieren und die Hitze bei geöffneter Türe absinken lassen. Dabei eine Platte im Ofen mitwärmen.

4 Die Schweinsfiletscheiben auf der Arbeitsfläche auslegen, mit Klarsichtfolie bedecken und mit dem Teigroller sehr dünn klopfen. Jedes Schnitzel mit 1 roten oder gelben Peperonistreifen und 1 Basilikumblatt belegen. Die Schnitzelchen satt aufrollen und mit Holzstäbchen fixieren.

5 In einer Bratpfanne das Olivenöl kräftig erhitzen. Die Schweinsfiletröllchen mit Salz, Pfeffer und Paprika würzen und rundum 2½–3 Minuten anbraten. Auf die vorgewärmte Platte legen und im 80 Grad heissen Ofen 20–30 Minuten nachgaren lassen.

6 Den Bratensatz mit Sherry und Fond oder Bouillon ablöschen. Durch ein feines Sieb in einen kleinen Topf umgiessen und gut zur Hälfte einkochen lassen.

7 Die zweite Portion Basilikum fein hacken. Vor dem Servieren Basilikum und Butter in die leicht kochende Sauce geben. Wenn nötig mit Salz und Pfeffer abschmecken.

8 Zum Anrichten die Schweinsfiletröllchen schräg halbieren und gemischtfarbig auf vorgewärmten Tellern anrichten. Mit dem Jus beträufeln.

Dazu passt: Orientalischer Gemüsepilaw (Rezept Seite 181), Safranrisotto (Rezept Seite 179), Teigwaren, Schupfnudeln, in Olivenöl gebratene kleine Schalenkartoffeln

Zubereitung auch geeignet für:
Kalbsschnitzel: 8 mittlere Schnitzel verwenden, diese möglichst dünn klopfen oder vom Metzger die Scheiben mit der Maschine aufschneiden lassen. Die Röllchen je nach Dicke 3–4 Minuten anbraten und 20–30 Minuten nachgaren.
Pouletbrüstchen: 4 Pouletbrüstchen verwenden, diese waagrecht halbieren, so dass je 2 Schnitzel entstehen. Die Röllchen je nach Dicke 4–5 Minuten anbraten und etwa 30 Minuten nachgaren.

RINDSHUFTRÖLLCHEN MIT KRESSE UND NÜSSEN AN LEICHTER ZITRONENSAUCE

Wichtig für das gute Gelingen dieser Röllchen ist die Fleischqualität: Es dürfen nicht Schnitzel in Schmorqualität, sogenannte Saftplätzchen, verwendet werden, sondern es braucht dafür gut gelagerte Huftplätzchen, die wirklich zart sind. Die Füllung kann übrigens problemlos variiert werden: Anstelle von Baumnusskernen eignen sich Pinienkerne sehr gut, und die Kresse kann durch Rucola ersetzt werden.

Für 4 Personen

50 g Baumnusskerne
50 g Kresse
1 Bund Schnittlauch
125 g Doppelrahm-Frischkäse
8 grosse, dünn geschnittene Scheiben Rindshuft (evtl. vom Metzger mit der Maschine geschnitten)
Salz, schwarzer Pfeffer aus der Mühle
1 Esslöffel Bratbutter
100 ml Weisswein
100 ml Gemüsebouillon
Saft von ½ Zitrone
200 ml Rahm
½ Bund glattblättrige Petersilie

1 Den Backofen auf 80 Grad vorheizen und eine Platte mitwärmen.

2 Die Baumnusskerne in einer trockenen Pfanne ohne Fettzugabe leicht rösten, dann mittelfein hacken.

3 Die Kresse waschen, auf Küchenpapier abtropfen lassen, dann hacken. Den Schnittlauch in Röllchen schneiden. Beides mit den Baumnüssen und dem Frischkäse mischen.

4 Die Fleischscheiben wenn nötig unter Klarsichtfolie mit dem Fleischklopfer oder Teigroller noch etwas dünner klopfen. Dann jedes Schnitzel mit Salz und Pfeffer würzen, mit etwas Füllung bestreichen und aufrollen. Mit einem Holzstäbchen fixieren oder mit Küchenschnur binden.

5 In einer Bratpfanne die Bratbutter rauchheiss erhitzen. Die Fleischröllchen mit der Nahtseite nach unten ohne Wenden 1½ Minuten kräftig anbraten, dann auf der zweiten Seite noch knapp 1 Minute braten. Sofort auf die vorgewärmte Platte geben und im 80 Grad heissen Ofen 15–20 Minuten nachgaren lassen.

6 Den Bratensatz mit dem Weisswein ablöschen. Durch ein feines Sieb in einen kleinen Topf giessen. Bouillon und Zitronensaft beifügen und bei grosser Hitze auf etwa 75 ml einkochen lassen. Dann den Rahm beifügen und die Sauce noch so lange einkochen lassen, bis sie leicht bindet.

7 In der Zwischenzeit die Petersilienblätter grob zerzupfen.

8 Vor dem Servieren die Sauce mit Salz und Pfeffer abschmecken und über die Rindshuftröllchen geben. Alles mit der Petersilie bestreuen.

Dazu passt: Feine Nudeln, Basmatireis, Gestürzter Spinat-Tomaten-Risotto (Rezept Seite 183), Spinatküchlein (Rezept Seite 187), Karottenpüree mit grünem Pfeffer (Rezept Seite 190)

Zubereitung auch geeignet für:
Pouletbrüstchen: Die Brüstchen waagrecht halbieren, sodass je 2 Schnitzel entstehen und diese dünn klopfen. Die Röllchen je nach Dicke 4–5 Minuten anbraten und etwa 30 Minuten nachgaren.
Truthahnschnitzel: Die Schnitzel so dünn wie möglich klopfen. Die Röllchen je nach Dicke 4–5 Minuten anbraten und etwa 30 Minuten nachgaren.
Kalbsschnitzel: Die Schnitzel möglichst dünn klopfen oder vom Metzger mit der Maschine aufschneiden lassen. Die Röllchen je nach Dicke 3–4 Minuten anbraten und 20–30 Minuten nachgaren.

RAHMSCHNITZEL MIT LEICHT KARAMELLISIERTER ESTRAGONSAUCE

Estragon ist ein Gewürzkraut, an dem sich die Geister scheiden. Aber ich mag ihn mit seinem charakteristischen, an Waldmeister erinnernden Geschmack, der so gut zu Rahmsaucen passt. Hier eine besonders raffinierte Variante, bei der im Bratensatz zuerst ein Stück Würfelzucker karamellisiert wird, bevor alles mit weissem Portwein oder trockenem Sherry aufgelöst wird.

Für 4 Personen

1 grosse Schalotte
1 Knoblauchzehe
8–12 Kalbsschnitzel, je nach Grösse
Salz, schwarzer Pfeffer aus der Mühle
1 Esslöffel Bratbutter
1 Stück Würfelzucker
⅛ l weisser Portwein oder trockener Sherry
1 Esslöffel Butter
200 ml Doppelrahm
1 Teelöffel Fleischextrakt oder ersatzweise
¼ Hühnerbouillonwürfel
1 Bund Estragon

1 Den Backofen auf 80 Grad vorheizen. Eine Platte mitwärmen.

2 Schalotte und Knoblauchzehe schälen und fein hacken.

3 Die Kalbsschnitzel mit Salz und Pfeffer würzen. In einer Bratpfanne die Bratbutter kräftig erhitzen. Die Schnitzel darin in 2 Portionen auf der ersten Seite je nach Dicke 1–1½ Minuten, auf der zweiten Seite nur noch 30–45 Sekunden anbraten. Sofort auf die vorgewärmte Platte geben und im 80 Grad heissen Ofen 20–30 Minuten nachgaren lassen.

4 Im Bratensatz den Würfelzucker zu hellbraunem Karamell schmelzen lassen. Mit dem Portwein oder Sherry ablöschen und noch so lange kochen lassen, bis sich der Karamellzucker vollständig aufgelöst hat. Dann durch ein Sieb in ein kleines Gefäss abgiessen, um allfällige verbrannte Rückstände vom Bratensatz zu entfernen.

5 In einem kleinen Topf die Butter erhitzen. Darin Schalotte und Knoblauch glasig dünsten. Den Portwein- oder Sherryjus sowie den Doppelrahm dazugiessen. Fleischextrakt oder Bouillonwürfel beifügen und die Sauce bei mittlerer bis grosser Hitze noch so lange einkochen lassen, bis sie cremig bindet.

6 Inzwischen den Estragon fein hacken.

7 Sobald die Sauce bindet, diese mit dem Stabmixer gründlich durchmixen. Den Estragon beifügen und die Sauce mit Salz sowie Pfeffer würzen. Über die Kalbsschnitzel geben und sofort servieren.

Dazu passt: Teigwaren, Rösti, Safranrisotto (Seite 179), gedünsteter Fenchel

Zubereitung auch geeignet für:
Pouletbrüstchen: Insgesamt 3 Minuten anbraten und 45–60 Minuten nachgaren. Fertiggaren: 5 Minuten in aufsteigender Hitze (siehe dazu Seite 9). Zum Servieren die Pouletbrüstchen schräg in Scheiben aufschneiden, auf vorgewärmten Tellern anrichten und mit Sauce um- und übergiessen.
Schweinsschnitzel: Gleiche Zubereitung wie Kalbsschnitzel.
Kalbskoteletts: 5 Minuten abraten und 45–60 Minuten nachgaren. Fertiggaren: 6–7 Minuten in aufsteigender Hitze (siehe dazu Seite 9). Zum Servieren die angerichteten Koteletts mit der Sauce umgiessen.

SCHWEINSSCHNITZELCHEN MIT DÖRRTOMATEN-STEINPILZ-JUS

Schnitzel vom Schwein darf man auf keinen Fall zu lange anbraten, sonst werden sie trotz Niedertemperaturgaren trocken und zäh. Hier gilt ganz besonders: Lieber kurz anbraten und etwas länger im Ofen lassen! Der würzige Jus mit gedörrten Steinpilzen und Tomaten, Zwiebel, Speck und Knoblauch ist übrigens eine richtige Allround-Sauce, die praktisch zu jedem kurz gebratenen oder grillierten Fleischstück passt.

Für 4 Personen

20 g getrocknete Steinpilze
200 ml Weisswein
6 Scheiben Bratspeck
8 in Öl eingelegte Dörrtomaten
1 mittlere Zwiebel
1 Knoblauchzehe
8 kleinere, nicht zu dick geschnittene Schweinsschnitzel
Salz, schwarzer Pfeffer aus der Mühle
1 Esslöffel Bratbutter
60 g Butter
1 Bund Schnittlauch

1 Die Steinpilze unter warmem Wasser gründlich spülen. Dann mit dem Weisswein in ein Schüsselchen geben und mindestens 15 Minuten einweichen. Abschütten, dabei die Einweichflüssigkeit auffangen, und die Steinpilze gut ausdrücken. Die Pilze in Streifen schneiden.

2 Den Bratspeck zuerst in Streifchen schneiden, dann grob hacken. Die Dörrtomaten in dünne Streifen schneiden. Zwiebel und Knoblauch schälen und fein hacken.

3 Den Backofen auf 80 Grad vorheizen und eine Platte mitwärmen.

4 Die Schweinsschnitzelchen mit Salz und Pfeffer würzen. Die Bratbutter rauchheiss erhitzen. Die Schnitzelchen eventuell in 2 Portionen auf der ersten Seite je nach Dicke 1–1½ Minuten, auf der zweiten Seite nur noch 30–45 Sekunden anbraten. Sofort auf die vorgewärmte Platte geben und im 80 Grad heissen Ofen 20–30 Minuten nachgaren lassen.

5 Inzwischen im Bratensatz den Speck anrösten. Herausnehmen und über die Schweinsschnitzelchen verteilen.

6 Anschliessend im Bratensatz Zwiebel und Knoblauch andünsten. Dann Steinpilze und Dörrtomaten beifügen, kurz mitdünsten und mit der Einweichflüssigkeit ablöschen. Gut zur Hälfte einkochen lassen.

7 Unmittelbar vor dem Servieren die Butter in Flocken zum leicht kochenden Steinpilzjus geben und einziehen lassen. Den Schnittlauch mit einer Schere dazuschneiden und den Jus mit Salz sowie Pfeffer abschmecken. Über die Schweinsschnitzelchen geben.

Dazu passt: Feine Butternudeln, Kerbelrisotto (Rezept Seite 186), Kartoffeln nach Risottoart (Rezept Seite 190), Kürbis-Knoblauch-Püree (Rezept Seite 184)

Zubereitung auch geeignet für:
Kalbsschnitzel: Gleiche Zubereitung wie Schweinsschnitzel.
Pouletbrüstchen: Je nach Grösse insgesamt 3–4 Minuten anbraten und 45–60 Minuten nachgaren. Fertiggaren: 5 Minuten in aufsteigender Hitze (siehe dazu Seite 9).
Entenbrust: Auf der Fettseite (Haut) 3 Minuten, dann auf der Fleischseite je nach Dicke der Brüstchen 1–2 Minuten anbraten und etwa 1 Stunde nachgaren. Fertiggaren: 5–6 Minuten in aufsteigender Hitze (siehe dazu Seite 9).
Lamm: Lammchops oder Gigotsteaks (aus der Keule) je nach Dicke auf jeder Seite 1–1½ Minuten anbraten und etwa 45–60 Minuten nachgaren. Fertiggaren: 5 Minuten in aufsteigender Hitze (siehe dazu Seite 9).
Rumpsteaks: Je nach Dicke und gewünschter Garstufe auf der ersten Seite 1 Minute, auf der zweiten Seite ¾–1½ Minuten anbraten und 20–30 Minuten nachgaren.

RUMPSTEAK MIT SAUCE ROBERT

Die «Sauce Robert» gehört zu den grossen klassischen Saucen. Ihre besondere Note erhält sie durch die Beigabe von Senf. Damit dieser nicht bitter wird – er verträgt kein langes Kochen, da sich sonst die in ihm enthaltenen ätherischen Öle verändern –, immer erst ganz am Schluss beifügen. Aus der «Sauce Robert» wird übrigens eine «Sauce Charcutière», wenn man ihr mit der Butter einige fein gehackte Cornichons beifügt.

Für 4 Personen

12–16 Cherrytomaten
Salz, schwarzer Pfeffer aus der Mühle
1 kleine Zwiebel
1 Bund glattblättrige Petersilie
4 Rumpsteaks, je ca. 120 g schwer
1 Esslöffel Bratbutter
150 ml Weisswein
1 Teelöffel Butter zum Andünsten
8–10 schwarze Pfefferkörner
3 Esslöffel Weissweinessig
150 ml Kalbsfond oder Basissauce
2–3 Teelöffel Dijonsenf
30 g Butter zum Binden der Sauce

1 Den Backofen auf 80 Grad vorheizen und eine Platte mitwärmen.

2 Die Cherrytomaten halbieren und die Schnittflächen mit Salz und Pfeffer würzen. Die Zwiebel schälen und klein würfeln. Die Hälfte der Petersilienzweige beiseitelegen. Von den restlichen Zweigen die Blätter abzupfen und fein hacken.

3 Den Fettrand der Rumpsteaks zwei- bis dreimal einschneiden. Die Steaks beidseitig mit Salz und Pfeffer würzen. In einer Bratpfanne die Bratbutter rauchheiss erhitzen und die Rumpsteaks je nach Dicke und gewünschter Garstufe auf der ersten Seite 1 Minute, auf der zweiten Seite ¾–1½ Minuten braten. Sofort auf die vorgewärmte Platte geben und im 80 Grad heissen Ofen 20–30 Minuten nachgaren lassen.

4 Im Bratensatz die Cherrytomaten unter Wenden gut 1 Minute andünsten. Zum Fleisch in den Ofen geben. Den Bratensatz mit dem Weisswein auflösen und durch ein feines Sieb in ein kleines Gefäss giessen.

5 In einem kleinen Topf die Butter erhitzen. Die Zwiebel darin unter häufigem Umrühren 5 Minuten andünsten. Inzwischen die Pfefferkörner grob zerdrücken. Mit dem Bratenjus, dem Essig und den beiseitegelegten Petersilienzweigen beifügen und alles auf 3 Esslöffel einkochen lassen. Dann den Kalbsfond oder die Basissauce dazugiessen und alles nochmals 5 Minuten lebhaft kochen lassen. Die Sauce durch ein Sieb giessen, dabei Zwiebel und Petersilie sehr gut auspressen. In den Topf zurückgeben.

6 Vor dem Servieren die Sauce nochmals aufkochen, den Senf und die gehackte Petersilie dazurühren, die Butter in Stücken beifügen und einziehen lassen. Mit Salz und Pfeffer abschmecken.

7 Die Rumpsteaks zum Servieren nach Belieben schräg in breite Streifen schneiden, auf vorgewärmten Tellern anrichten, die Cherrytomaten daraufgeben und alles mit der Sauce umgiessen.

Dazu passt: Spinatküchlein (Rezept Seite 187), Rösti, Schupfnudeln (Rezept Seite 189), Safranrisotto (Rezept Seite 179)

Zubereitung auch geeignet für:
Pouletbrüstchen: Je nach Grösse insgesamt 3–4 Minuten anbraten und 45–60 Minuten nachgaren. Fertiggaren: 5 Minuten in aufsteigender Hitze (siehe dazu Seite 9).
Entenbrust: Auf der Fettseite (Haut) 3 Minuten, dann auf der Fleischseite je nach Dicke der Brüstchen 1–2 Minuten anbraten und etwa 1 Stunde nachgaren. Fertiggaren: 5–6 Minuten in aufsteigender Hitze (siehe dazu Seite 9).
Schweinsfilet: Rundum insgesamt 4 Minuten anbraten und 1½–1¾ Stunden nachgaren. Fertiggaren: 5–6 Minuten in aufsteigender Hitze (siehe dazu Seite 9).
Schweinskoteletts: 5 Minuten anbraten und 45–60 Minuten nachgaren. Fertiggaren: 6–7 Minuten in aufsteigender Hitze (siehe dazu Seite 9).
Lamm: Lammchops oder Gigotsteaks (aus der Keule) je nach Dicke auf jeder Seite 1–1½ Minuten anbraten und 45–60 Minuten nachgaren. Fertiggaren: 5 Minuten in aufsteigender Hitze (siehe dazu Seite 9).

SCHWEINSFILETMEDAILLONS MIT SCHWARZEM PFEFFER UND COGNACSAUCE

Keine Angst, die Kruste aus schwarzen Pfefferkörnern ist nicht so beissend scharf, dass man vom Rest des Gerichts nichts mehr schmecken würde. Unter Hitzeeinwirkung verflüchtigen sich nämlich die ätherischen Öle des zerstossenen Pfeffers relativ schnell. Und zudem ist es Geschmackssache, wie viel Pfeffer man für die Kruste verwendet. Anstelle von schwarzem Pfeffer kann man auch eine Mischung von verschiedenfarbigen Pfefferkörnern verwenden. Besonders mild sind die rosa Pfefferbeeren, die übrigens nicht direkt verwandt sind mit den übrigen Pfeffersorten.

Für 4 Personen

1½–2 Esslöffel schwarze Pfefferkörner
8 Schweinsfiletmedaillons, je gut 3 cm dick geschnitten
1 gehäufter Esslöffel Bratbutter
Salz
8 kleine Zweige Rosmarin
50 ml Cognac
100 ml Weisswein
200 ml Rahm
Pfeffer aus der Mühle

1 Den Backofen auf 80 Grad vorheizen und eine Platte mitwärmen.

2 Die Pfefferkörner im Mörser grob zerstossen und in einen tiefen Teller geben. Die Schweinsfiletmedaillons darin beidseitig wenden, den Pfeffer gut andrücken.

3 In einer Bratpfanne die Bratbutter kräftig erhitzen. Die Schweinsfiletmedaillons salzen und je nach Dicke insgesamt 2–3 Minuten anbraten. Herausnehmen, auf die vorgewärmte Platte geben, mit je 1 Rosmarinzweig belegen und im 80 Grad heissen Ofen etwa 45 Minuten nachgaren lassen.

4 Den Bratensatz mit Cognac und Weisswein ablöschen und diese gut zur Hälfte einkochen lassen. Dann den Rahm beifügen und alles noch so lange kochen lassen, bis die Sauce leicht cremig bindet. Mit Salz und Pfeffer abschmecken.

5 Unmittelbar vor dem Servieren die Ofentemperatur auf 230 Grad erhöhen und die Schweinsfiletmedaillons 4–5 Minuten in aufsteigender Hitze Temperatur annehmen lassen.

6 Gleichzeitig die Sauce nochmals erhitzen. Zum Servieren die Schweinsfiletmedaillons auf vorgewärmten Tellern anrichten und mit Sauce umgiessen.

Dazu passt: Basmatireis, Quark-Griess-Gnocchi (Rezept Seite 181), feine Nudeln, Cherrytomaten-Basilikum-Bulgur (Rezept Seite 185), Karotten mit grünen Oliven (Rezept Seite 178)

Zubereitung auch geeignet für:
Pouletbrüstchen: Je nach Grösse insgesamt 3–4 Minuten anbraten und 45–60 Minuten nachgaren. Fertiggaren: 5 Minuten in aufsteigender Hitze.
Lammmedaillons: Etwa 3 cm dicke Medaillons aus dem Lammrückenfilet schneiden, auf jeder Seite je nach gewünschter Garstufe 1–1½ Minuten anbraten und 20–30 Minuten nachgaren.
Lammhuft: Je nach Grösse des Stücks 4–6 Minuten anbraten, dann 1–1¼ Stunden nachgaren. Fertiggaren: 6 Minuten in aufsteigender Hitze.
Rindsmedaillons oder -steaks: Auf jeder Seite je nach Dicke und gewünschter Garstufe 1–1½ Minuten anbraten und etwa 30 Minuten nachgaren. Fertiggaren: 4–5 Minuten in aufsteigender Hitze.

POULETBRÜSTCHEN MIT APFELCHAMPAGNER-SAUCE

Bei der Kombination von Fleisch mit Früchten bin ich sehr vorsichtig, damit das Gericht nicht plötzlich süss anstatt pikant schmeckt. Aber diese Kombination von zartem Poulet mit säuerlichen Apfelschnitzen hat es auch mir angetan. Wer keinen Apfelchampagner zur Hand hat, kann auch einen Teil kohlensäurehaltigen Süssmost mit drei Teilen trockenem Weisswein mischen. Schmeckt die Sauce trotzdem zu fruchtig, gibt man am Schluss etwas mehr Zitronensaft dazu. Dies funktioniert allerdings nur, wenn man für die Sauce Voll- oder Doppelrahm verwendet, sonst gerinnt die Sauce durch die Säure der Zitrone.

Für 4 Personen

500–600 g Pouletbrüstchen
Salz, schwarzer Pfeffer aus der Mühle
2 Esslöffel Bratbutter
50 ml Noilly Prat oder Weisswein
1 Schalotte
2 mittlere Äpfel, säuerliche Sorte
1 gehäufter Esslöffel Butter
1 gestrichener Esslöffel Zucker
200 ml Apfelchampagner
200 ml Rahm
1 Esslöffel Senf
eventuell wenig Zitronensaft
½ Bund Kerbel

1 Den Backofen auf 80 Grad vorheizen und eine Platte mitwärmen.

2 Jedes Pouletbrüstchen in 6 Stücke schneiden. Mit Salz und Pfeffer würzen.

3 In einer Bratpfanne die Hälfte der Bratbutter kräftig erhitzen. Die Hälfte der Pouletstücke bei grosser Hitze auf der ersten Seite gut 1 Minute, auf der zweiten Seite nur noch gerade 30 Sekunden anbraten. Sofort auf die vorgewärmte Platte geben und im 80 Grad warmen Ofen etwa 45 Minuten nachgaren lassen. Die zweite Portion Pouletstücke auf die gleiche Weise anbraten.

4 Den Bratensatz mit dem Noilly Prat oder Weisswein auflösen und diesen zur Hälfte einkochen lassen. Durch ein feines Sieb giessen und beiseitestellen.

5 Die Schalotte schälen und fein hacken. Die Äpfel schälen, vierteln, entkernen und in Schnitze schneiden.

6 In einer weiten Pfanne die Butter erhitzen. Die Apfelschnitze hineinlegen, mit dem Zucker bestreuen und so lange braten, bis sie leicht karamellisiert sind. Zu den Pouletwürfeln in den Ofen geben.

7 Die Schalotte zum Bratensatz geben und kurz dünsten. Mit dem beiseitegestellten Bratenfond und dem Apfelchampagner ablöschen und gut zur Hälfte einkochen lassen. Dann den Rahm beifügen und die Sauce nochmals einkochen lassen, bis sie leicht bindet. Zuletzt den Senf darunterrühren. Beiseitestellen.

8 Den Kerbel hacken.

9 Vor dem Servieren die Sauce nochmals aufkochen, die Hälfte des Kerbels beifügen und die Sauce mit Salz, Pfeffer und wenn nötig mit wenig Zitronensaft abschmecken. Über die Pouletstücke geben, mit dem restlichen Kerbel bestreuen und sofort servieren.

Dazu passt: Stroh und Heu (feine gemischte weisse und grüne Nudeln, als Frischteigwaren in grossen Lebensmittelgeschäften erhältlich), Pistazien-Zitronen-Reis (Rezept Seite 189), Mandelspätzli (Rezept Seite 182)

Zubereitung auch geeignet für:
Schweinsfilet: Das Filet im Ganzen rundum insgesamt 4 Minuten anbraten und 1½–1¾ Stunden nachgaren. Fertiggaren: 5–6 Minuten in aufsteigender Hitze (siehe dazu Seite 9).
Kalbsfilet: Je nach Dicke rundum 4–5 Minuten anbraten und 1¾–2 Stunden nachgaren. Fertiggaren: 6–7 Minuten in aufsteigender Hitze (siehe dazu Seite 9).
Kalbs- oder Schweinskoteletts: 5 Minuten anbraten und 45–60 Minuten nachgaren. Fertiggaren: 6–7 Minuten in aufsteigender Hitze (siehe dazu Seite 9).

OLIVEN-POULETBRÜSTCHEN MIT BASILIKUMJUS

Dieses Gericht duftet köstlich nach Wärme und Süden. Dies verdankt es der würzigen Paste aus Knoblauch, Oliven und Basilikum sowie einer köstlichen Sauce mit dem trockenen südfranzösischen Wermut Noilly Prat. Wer Letzteren nicht zur Hand hat, kann stattdessen auch zu gleichen Teilen weissen Portwein oder trockenen Sherry mit Weisswein mischen.

Für 4 Personen

80 g mit Knoblauch marinierte schwarze Oliven
3 Bund Basilikum
4 mittlere Pouletbrüstchen
Salz, schwarzer Pfeffer aus der Mühle
2 Esslöffel Olivenöl
1 Esslöffel Butter
100 ml Noilly Prat (trockener französischer Wermut)
100 ml Weisswein
100 ml leichte Hühnerbouillon
60–80 g Butter zum Binden der Sauce

1 Den Backofen auf 80 Grad vorheizen und eine Platte mitwärmen.

2 Die Oliven vom Stein schneiden und grob hacken. Das Basilikum fein hacken. Ein Drittel des Basilikums mit den Oliven mischen. Das restliche Basilikum beiseitestellen.

3 Die Pouletbrüstchen auf der Oberseite der Breite nach viermal gut 1 cm tief einschneiden. Die Einschnitte mit der Olivenmischung füllen. Das Fleisch beidseitig mit Salz und Pfeffer würzen.

4 In einer Bratpfanne bei mittlerer Hitze Olivenöl und Butter erhitzen. Die Hälfte des beiseitegelegten Basilikums beifügen. Die Pouletbrüstchen hineingeben und nicht zu heiss (sonst verbrennen die Kräuter) je nach Dicke insgesamt 5–6 Minuten anbraten. Sofort auf die vorgewärmte Platte geben und im 80 Grad heissen Ofen 45–60 Minuten nachgaren lassen.

5 Den Bratensatz mit Noilly Prat, Weisswein und Bouillon auflösen und auf 100 ml einkochen lassen. Beiseitestellen.

6 Unmittelbar vor dem Servieren die Ofentemperatur auf 230 Grad erhöhen und die Pouletbrüstchen 5 Minuten in aufsteigender Hitze Temperatur annehmen lassen.

7 Gleichzeitig den Jus aufkochen. Das restliche Basilikum und die Butter in Stücken zur Sauce geben und einziehen lassen. Den Jus mit Salz und Pfeffer abschmecken.

8 Die Pouletbrüstchen der Länge nach (so ensteht mit den gefüllten Einschnitten ein dekoratives «Muster») in Scheiben schneiden, auf vorgewärmten Tellern anrichten und mit dem Basilikumjus beträufeln. Sofort servieren.

Dazu passt: Gemüse-Couscous (Rezept Seite 180), Gestürzter Spinat-Tomaten-Risotto (Rezept Seite 183), Karottenpüree mit grünem Pfeffer (Rezept Seite 190), Bratkartoffeln

Zubereitung auch geeignet für:
Truthahnbrust: Die Einschnitte nicht der Breite, sondern der Länge nach machen. Das Fleisch eventuell binden. Am besten im Ofen anbraten: Mit heissem Olivenöl beträufeln und bei 230 Grad 8–10 Minuten anbraten. Dann die Temperatur auf 80 Grad reduzieren; die Ofentüre etwa 8 Minuten offen lassen, damit die Temperatur rasch absinkt. Dann je nach Grösse des Stücks 1½–2 Stunden nachgaren. Fertiggaren: 8 Minuten in aufsteigender Hitze.
Runde Kalbsnuss (600–700 g): Die Einschnitte nicht der Breite, sondern der Länge nach machen. Das Bratenstück eventuell binden. Am besten im Ofen anbraten: Mit heissem Olivenöl beträufeln und bei 230 Grad 8–10 Minuten anbraten. Dann die Temperatur auf 80 Grad reduzieren; die Ofentüre etwa 8 Minuten offen lassen, damit die Temperatur rasch absinkt. Dann etwa 2 Stunden nachgaren. Fertiggaren: 8 Minuten in aufsteigender Hitze.

KANINCHENFILET MIT ZITRONENSAUCE

Kulinarische Harmonie pur: Das zarte Filetstück wird dünn mit Senf bestrichen, mit Basilikumblättern belegt, mit einer Schinkenscheibe umwickelt und mit einer frischen Zitronen-Rahmsauce serviert. Bleibt höchstens noch die Frage, welche Schinkensorte man für das Gericht verwendet: Vorder-, Hinter- oder Modelschinken? Der Modelschinken kommt vom Hinterschinken und wurde in einer Form (Model) gekocht, er ist wie Ersterer zart und vielseitig verwendbar. Der Vorderschinken wird in Abgrenzung zum Hinterschinken aus kleineren und weniger feinen Schulterstücken hergestellt und ist somit etwas günstiger. Verwendet werden können für dieses Gericht jedoch alle drei sowie auch weitere Schinkensorten.

Für 4 Personen

1 unbehandelte Zitrone
1 Esslöffel Zucker
1 Bund Basilikum
6 Kaninchenrückenfilets
1 gehäufter Teelöffel Senf
Salz, Pfeffer aus der Mühle
6 dünn geschnittene Scheiben Schinken
2 Esslöffel Olivenöl
1 Esslöffel Butter
50 ml Weisswein
150 ml Rahm

1 Den Backofen auf 80 Grad vorheizen und eine Platte mitwärmen.

2 Mit einem Zestenmesser das Gelbe der Zitronenschale ablösen oder die Schale mit einem Sparschäler dünn abschneiden und in feinste Streifchen schneiden. Den Saft von ½ Zitrone auspressen und beiseitestellen.

3 Die Zitronenschalenstreifen mit 100 ml Wasser und dem Zucker so lange kochen lassen, bis das Wasser verdampft ist. Beiseitestellen.

4 Die Hälfte der Basilikumblätter für das Fleisch abzupfen. Das restliche Basilikum fein hacken und für die Sauce beiseitestellen.

5 Die Kaninchenfilets rundum sehr dünn mit Senf bestreichen, mit Salz sowie Pfeffer würzen und mit den Basilikumblättern belegen. Jedes Filet in 1 Schinkenscheibe hüllen und mit Holzstäbchen fixieren.

6 In einer beschichteten Bratpfanne das Olivenöl und die Butter erhitzen. Die Kaninchenfilets darin je nach Dicke rundum insgesamt 3–4 Minuten anbraten. Sofort auf die vorgewärmte Platte geben und im 80 Grad heissen Ofen 20–30 Minuten nachgaren lassen.

7 Den Bratensatz mit Weisswein und Zitronensaft ablöschen und zur Hälfte einkochen lassen. Den Rahm und die Zitronenschalenstreifen beifügen und alles noch so lange einkochen lassen, bis die Sauce leicht bindet. Am Schluss das gehackte Basilikum beifügen und die Sauce mit Salz sowie Pfeffer abschmecken.

8 Zum Servieren die Kaninchenfilets schräg in dicke Scheiben aufschneiden, auf vorgewärmten Tellern anrichten und mit Zitronensauce umgiessen.

Dazu passt: Cherrytomaten-Basilikum-Bulgur (Rezept Seite 185), Basmatireis, feine Nudeln, Knollenselleriepüree mit Olivenpaste (Rezept Seite 182), in der Folie gebackene Kräuterkartoffeln (Rezept Seite 186)

Zubereitung auch geeignet für:
Pouletbrüstchen: Die Pouletbrüstchen der Länge nach in 2–3 Streifen schneiden und auf die gleiche Art zubereiten wie die Kaninchenfilets.

KALBSSTEAK MIT BALSAMICO-SALBEI-RAHM

Von italienischen Zutaten inspiriert: Der Balsamicoessig verleiht der Madeira-Rahm-Sauce eine leichte Spritzigkeit, Dörrtomaten und Salbei sorgen für die besondere Würze. Verwenden Sie keinen allzu billigen Balsamicoessig, denn dieser lässt die Sauce sauer werden; er sollte mindestens fünf Jahre gereift sein. Es muss übrigens nicht ein Balsamico aus Modena sein; inzwischen gibt es nämlich eine ganze Reihe hervorragender Balsamessige aus anderen Regionen oder Ländern, die nach der gleichen Methode hergestellt werden, jedoch nicht ganz so teuer sind.

Für 4 Personen

80 g in Öl eingelegte Dörrtomaten
1 kleine Zwiebel
1 Knoblauchzehe
4 Salbeiblätter
4 Kalbssteaks, je ca. 120 g schwer
Salz, schwarzer Pfeffer aus der Mühle
1 Esslöffel Bratbutter
50 ml Balsamicoessig
1 Esslöffel Butter
100 ml Madeira
100 ml Hühnerbouillon
150 ml Rahm
Zum Fertigstellen:
1 Esslöffel Bratbutter
16–20 Salbeiblätter

1 Den Backofen auf 80 Grad vorheizen und eine Platte mitwärmen.

2 Die Dörrtomaten auf Küchenpapier trocken tupfen und in Streifen schneiden. Die Zwiebel und den Knoblauch schälen und sehr fein hacken. Die Salbeiblätter ebenfalls hacken.

3 Die Kalbssteaks beidseitig mit Salz und Pfeffer würzen. In einer Bratpfanne die Bratbutter kräftig erhitzen. Die Steaks darin je nach Dicke auf jeder Seite 1½–2 Minuten anbraten. Sofort auf die vorgewärmte Platte geben und im 80 Grad heissen Ofen etwa 30 Minuten nachgaren lassen.

4 Den Bratensatz mit dem Balsamicoessig ablöschen und zur Hälfte einkochen lassen. Durch ein feines Sieb giessen und den Jus beiseitestellen.

5 Die Butter in einen kleinen Topf geben. Darin Dörrtomaten, Zwiebel, Knoblauch und Salbei andünsten. Dann Balsamicojus, Madeira und Bouillon beifügen und alles auf knapp 100 ml einkochen lassen. Nun den Rahm beifügen und die Sauce noch so lange weiterkochen lassen, bis sie leicht bindet. Mit Salz und Pfeffer abschmecken.

6 Kurz vor dem Servieren die Bratbutter erhitzen und die Salbeiblätter darin kräftig braten.

7 Die Kalbssteaks quer zur Faser in breite Streifen schneiden und auf vorgewärmten Tellern anrichten. Mit Sauce über- und umgiessen und mit den Salbeiblättern garnieren. Sofort servieren.

Dazu passt: Nudeln, Wildreismischung, Quark-Griess-Gnocchi (Rezept Seite 181), Schupfnudeln (Rezept Seite 189), Mandelspätzli (Rezept Seite 182)

Zubereitung auch geeignet für:
Geschnetzeltes Kalbfleisch: In 2–3 Portionen jeweils auf der ersten Seite 1 Minute anbraten, dann wenden und nur noch 30 Sekunden scharf weiterbraten. 15–20 Minuten nachgaren.
Kalbsfilet: Je nach Dicke rundum 4–5 Minuten anbraten und 1¾–2 Stunden nachgaren. Fertiggaren: 6–7 Minuten in aufsteigender Hitze (siehe dazu Seite 9).
Schweinssteaks: Zubereitung wie Kalbsteaks.
Schweinsfilet: Rundum insgesamt 4 Minuten anbraten, dann 1½–1¾ Stunden nachgaren. Fertiggaren: 5–6 Minuten in aufsteigender Hitze (siehe auch Seite 9).
Rindshuftsteaks: Je nach Dicke und gewünschter Garstufe auf jeder Seite 1–1½ Minuten anbraten und etwa 30 Minuten nachgaren.
Entrecôte: Ein Stück von 500–900 g je nach Dicke und gewünschter Garstufe auf jeder Seite 1½–2 Minuten anbraten und 1 Stunde (blutig) bis 1½ Stunden (rosa) nachgaren. Fertiggaren: 4–5 Minuten in aufsteigender Hitze (siehe dazu Seite 9).
Ein Entrecôte von 1–1½ kg je nach Dicke und gewünschter Garstufe auf jeder Seite 2–3 Minuten anbraten und 1¼–1¾ Stunden nachgaren. Fertiggaren: 5 Minuten in aufsteigender Hitze (siehe auch Seite 9).

REHSTEAK MIT KIRSCHENSAUCE

Wild mit der Niedertemperatur-Garmethode zuzubereiten, ist nicht ganz unproblematisch (siehe auch Seite 10). Es unterliegt nämlich einem relativ schnellen Reifeprozess, sodass das Nachgaren bei 80 Grad sich bei länger gelagerten Stücken nachteilig auswirken kann: Zu lange gelagertes oder tiefgekühltes Fleisch (das übrigens im Gefrierschrank auch bei Minustemperaturen ganz leicht weiterreift) kann beim Niedertemperaturgaren eine leberartige Konsistenz erhalten. Es eignen sich also nur frische Stücke, keine tiefgekühlte Ware. Fragen Sie Ihren Metzger unbedingt danach! Da Rehsteaks jedoch nur kurz im Ofen bleiben, sind sie weniger heikel als grössere Stücke.

Für 4 Personen

6–8 Rehsteaks, aus der Nuss geschnitten, je ca. 75 g schwer
Salz, schwarzer Pfeffer aus der Mühle
1 Esslöffel Bratbutter
1 Glas oder 1 Dose Sauerkirschen (Weichseln), abgetropft 200 g
200 ml Rotwein
100 ml roter Portwein
4–6 Zweige Thymian
80 g Butter
1 Teelöffel Zitronensaft

1 Den Backofen auf 80 Grad vorheizen und eine Platte mitwärmen.

2 Die Rehsteaks mit Salz und Pfeffer würzen. In einer Bratpfanne die Bratbutter rauchheiss erhitzen. Die Rehsteaks darin je nach Dicke auf jeder Seite 1½–2 Minuten anbraten. Sofort auf die vorgewärmte Platte geben und im 80 Grad heissen Ofen 20–30 Minuten nachgaren lassen.

3 Die abgetropften Sauerkirschen im Bratensatz kurz dünsten. Mit Rotwein und Portwein ablöschen. Die Thymianblättchen von den Zweigen zupfen und beifügen. Die Sauce gut zur Hälfte einkochen lassen.

4 Unmittelbar vor dem Servieren die Sauce nochmals aufkochen. Die Butter in Stücken beifügen und in die Sauce einziehen lassen. Mit Salz, Pfeffer und Zitronensaft abschmecken.

5 Die Rehsteaks auf vorgewärmten Tellern anrichten, mit den Kirschen garnieren und mit Sauce umgiessen.

Dazu passt: Mandelspätzli (Rezept Seite 182), Safranrisotto (Rezept Seite 179), Polentacreme (Rezept Seite 185), Kartoffelgratin

Zubereitung auch geeignet für:
Hirschmedaillons: Gleiche Zubereitung wie Rehsteaks.
Hasenfilets: Je nach Dicke rundum insgesamt 3–4 Minuten anbraten und 20–30 Minuten nachgaren.
Lammrückenfilet: Das Rückonfilet im Ganzen je nach Dicke auf jeder Seite sehr kräftig nur gerade 1–1½ Minuten anbraten und 50–60 Minuten nachgaren. Fertiggaren: 5 Minuten in aufsteigender Hitze (siehe auch Seite 9). Zum Servieren schräg in dicke Scheiben aufschneiden.
Schweinsfilet: Das Filet in gut 3 cm dicke Medaillons schneiden. Insgesamt 2–3 Minuten anbraten und etwa 45 Minuten nachgaren. Fertiggaren: 4–5 Minuten in aufsteigender Hitze (siehe auch Seite 9).
Entenbrust: Auf der Fettseite (Haut) 3 Minuten, dann auf der Fleischseite je nach Dicke der Brüstchen 1–2 Minuten anbraten und etwa 1 Stunde nachgaren. Fertiggaren: 5–6 Minuten in aufsteigender Hitze (siehe auch Seite 9).

LAMMCHOPS MIT PORTWEIN-ROSINEN-SAUCE

Rosinen sind zwar nicht jedermanns Sache, aber sie passen hervorragend in diese kräftige Sauce. Selbstverständlich kann man sie auch weglassen, gibt aber in diesem Fall vielleicht etwas mehr eingelegten rosa Pfeffer in die Sauce. Dieser kann übrigens auch durch eingelegten grünen Pfeffer ersetzt werden, welcher allerdings leicht schärfer schmeckt.

Für 4 Personen

150 ml roter Portwein
50 g Rosinen
1 gehäufter Teelöffel eingelegter rosa Pfeffer
6 Zweige Thymian
4 Lammchops
1 Schalotte
Salz, Pfeffer aus der Mühle
1 Esslöffel Bratbutter
1 Teelöffel Butter zum Andünsten
1 gehäufter Teelöffel Tomatenpüree
150 ml Kalbsfond oder leichte Gemüsebouillon
1 Teelöffel Fleischextrakt
60–80 g Butter zum Binden der Sauce
evtl. wenig Zitronensaft

1 Den Portwein aufkochen. Die Rosinen in eine Schüssel geben, in welcher später auch die Lammchops Platz haben. Den heissen Portwein darübergiessen. Abkühlen lassen.

2 Die Pfefferkörner kurz unter warmem Wasser spülen, dann grob zerdrücken. Mit den Thymianzweigen zum Portwein geben. Die Lammchops in die Marinade legen und zugedeckt etwa 1 Stunde ziehen lassen.

3 Den Backofen auf 80 Grad vorheizen und eine Platte mitwärmen.

4 Die Schalotte schälen und sehr fein hacken. Die Lammchops aus der Marinade nehmen, gut abtropfen lassen, dann auf Küchenpapier trocken tupfen und mit Salz sowie Pfeffer würzen. Die Marinade durch ein Sieb giessen, dabei die Thymianzweige entfernen, die Rosinen-Pfeffer-Mischung aber wie die Portweinflüssigkeit zur weiteren Verwendung beiseitestellen.

5 In einer Bratpfanne die Bratbutter kräftig erhitzen. Die Lammchops darin auf jeder Seite je nach Dicke und gewünschter Garstufe 1–1½ Minuten anbraten. Sofort auf die vorgewärmte Platte geben und im 80 Grad heissen Ofen 45–60 Minuten nachgaren lassen. Den Bratensatz mit der Marinade auflösen und durch ein feines Sieb in ein kleines Gefäss giessen.

6 In einem kleinen Topf den Teelöffel Butter erhitzen. Die Schalotte und das Tomatenpüree darin andünsten. Den Bratenfond und die Bouillon dazugiessen. Den Fleischextrakt und die Rosinen-Pfeffer-Mischung beifügen. Die Sauce bei grosser Hitze zur Hälfte einkochen. Beiseitestellen.

7 Unmittelbar vor dem Servieren die Ofentemperatur auf 230 Grad erhöhen und die Lammchops 5 Minuten in aufsteigender Hitze Temperatur annehmen lassen.

8 Gleichzeitig die Sauce nochmals aufkochen. Die Butter in Stücken beifügen und in die leicht kochende Sauce einziehen lassen. Mit Salz und nach Belieben wenig Zitronensaft abschmecken.

9 Die Lammchops auf vorgewärmten Tellern anrichten und mit Sauce um- und übergiessen.

Dazu passt: Karamellisierter Chicorée (Rezept Seite 179), Mandelspätzli (Rezept Seite 182), Rosenkohl, Rotkraut, Orientalischer Gemüsepilaw (Rezept Seite 181), Polentacreme (Rezept Seite 185), Rosmarinkartoffeln (Rezept Seite 192)

Zubereitung auch geeignet für:
Lammrückenfilet: Je nach Dicke auf jeder Seite 1–1½ Minuten anbraten und 50–60 Minuten nachgaren. Fertiggaren: 5 Minuten in aufsteigender Hitze. Zum Anrichten schräg in dicke Scheiben aufschneiden.
Lammhuft: Je nach Grösse des Stücks 4–6 Minuten anbraten und 1–1¼ Stunden nachgaren. Fertiggaren: 6 Minuten in aufsteigender Hitze.
Schweinsfilet: Rundum insgesamt 4 Minuten anbraten und etwa 1¾ Stunden nachgaren. Fertiggaren: 5–6 Minuten in aufsteigender Hitze.
Reh- oder Hirschmedaillons: Je nach Dicke auf jeder Seite 1½–2 Minuten anbraten und 20–30 Minuten nachgaren.
Hasenfilet: Je nach Dicke rundum insgesamt 3–4 Minuten anbraten und 20–30 Minuten nachgaren.

LAMMRÜCKENFILET AN PORTWEINSAUCE MIT ZIMT UND SCHOKOLADE

Um diese Sauce gab es in meinen Kochkursen und auch unter meinen Gästen immer wieder lebhafte Diskussionen: Entweder liebt man sie, oder man probiert sie einmal und nie wieder. Grund dafür ist die Schokolade, mit der die Sauce abgeschmeckt wird. Es sollte in jedem Fall eine schwarze, qualitativ hochwertige Schokolade mit einem hohen Kakaoanteil sein. Alle anderen Sorten lassen die Sauce süss schmecken – so dass sie eher zu einem Dessert passen würde als zu Fleisch. Wie viel Schokolade man zur Sauce gibt, ist ebenfalls Geschmackssache. Die einen mögen es intensiv, die anderen zurückhaltender. Aber ausprobieren sollte man dieses Rezept auf jeden Fall – es ist eine interessante Erfahrung in Sachen Abschmecken einer Sauce.

Für 4–5 Personen

2–3 Lammrückenfilets, je nach Grösse
Salz, schwarzer Pfeffer aus der Mühle
1 Esslöffel Bratbutter
1 Zimtstange
2 Zweige Rosmarin
150 ml roter Portwein
100 ml Kalbsfond oder leichte Gemüsebouillon
2 Esslöffel hochwertiger Balsamicoessig
10–15 g Edelbitterschokolade, mindestens 64% Kakaoanteil
je 1 Prise Cayennepfeffer und Zimt

1 Den Ofen auf 80 Grad vorheizen und eine Platte mitwärmen.

2 Die Lammrückenfilets mit Salz und Pfeffer würzen. In einer Bratpfanne die Bratbutter rauchheiss erhitzen. Das Fleisch auf jeder Seite je nach Dicke nur gerade 1–1½ Minuten anbraten. Nach dem Wenden die Zimtstange und die Rosmarinzweige beifügen und mitbraten. Die Lammrückenfilets mit dem Rosmarin auf die vorgewärmte Platte geben und im vorgeheizten Ofen 50–60 Minuten nachgaren lassen.

3 Den Bratensatz samt Zimtstange mit Portwein, Fond oder Bouillon sowie Balsamicoessig auflösen. Alles auf knapp 100 ml einkochen lassen. Die Sauce durch ein feines Sieb in einen kleinen Topf umgiessen. Beiseitestellen.

4 Unmittelbar vor dem Servieren die Ofentemperatur auf 230 Grad erhöhen und die Lammrückenfilets 5 Minuten in aufsteigender Hitze Temperatur annehmen lassen.

5 Gleichzeitig die Sauce nochmals kräftig aufkochen. Dann vom Herd ziehen, die Schokolade beifügen, unter Rühren schmelzen lassen und die Sauce mit etwas Cayennepfeffer, Zimt und Salz abschmecken. Die Sauce danach auf keinen Fall mehr stark kochen lassen, vor allem, wenn man Schokolade mit einem Kakaogehalt von 70 Prozent und höher verwendet, weil dann die Schokolade griesig wird.

6 Die Lammrückenfilets aufschneiden, auf vorgewärmten Tellern anrichten und mit der Sauce umgiessen.

Dazu passt: Basmatireis, in Olivenöl gebratene kleine Schalenkartoffeln, Rosmarinkartoffeln (Rezept Seite 192), Polentacreme (Rezept Seite 185), Kürbis-Knoblauch-Püree (Rezept Seite 184)

Zubereitung auch geeignet für:
Entrecôte double: Das Fleisch (pro Stück 300–400 g schwer) je nach Dicke und gewünschter Garstufe rundum, auch kurz an den Enden, insgesamt 2½–3 Minuten kräftig anbraten, dann 1 Stunde (blutig) bis 1½ Stunden (rosa) nachgaren. Fertiggaren: 5 Minuten in aufsteigender Hitze.
Entenbrust: Auf der Fettseite (Haut) 3 Minuten, dann auf der Fleischseite je nach Dicke der Brüstchen 1–2 Minuten anbraten und etwa 1 Stunde nachgaren. Fertiggaren: 5–6 Minuten in aufsteigender Hitze.
Pouletbrüstchen: Je nach Grösse der Brüstchen auf jeder Seite 1½–2 Minuten anbraten und 45–60 Minuten nachgaren. Fertiggaren: 5 Minuten in aufsteigender Hitze.

LAMMRACK MIT OLIVENSAUCE

Als «Rack» bezeichnet man das Rückenfilet (Nierstück) vom Lamm mit den Knochen. Es empfiehlt sich, dieses Stück zur Sicherheit beim Metzger vorzubestellen. Ein Lammrack reicht in der Regel für 2 Personen. Ein guter Ersatz für Racks sind ausgelöste Lammrückenfilets, die überall problemlos erhältlich sind; unbedingt beachten, dass diese eine kürzere Garzeit haben, da ihnen der Knochenteil fehlt.

Für 4 Personen

60 g grüne entsteinte Oliven
1 Frühlingszwiebel
2 Knoblauchzehen
150 g Cherrytomaten
6–8 Zweige Thymian
2 Lammracks, je ca. 200 g schwer
Salz, schwarzer Pfeffer aus der Mühle
1 Esslöffel Bratbutter
100 ml Noilly Prat (trockener französischer Wermut)
1 Esslöffel Butter zum Dünsten
100 ml Weisswein
100 ml Kalbsfond oder leichte Hühnerbouillon
1 Teelöffel Balsamicoessig
50 g Butter zum Binden der Sauce

1 Den Ofen auf 80 Grad vorheizen und eine Platte mitwärmen.

2 Die Oliven in Streifchen schneiden. Die Frühlingszwiebel mitsamt schönem Grün fein hacken. Die Cherrytomaten vierteln. Die Thymianblättchen von den Zweigen zupfen.

3 Die Lammracks mit Salz und Pfeffer würzen. In einer Bratpfanne die Bratbutter rauchheiss erhitzen. Die Racks hineinlegen und von allen Seiten insgesamt etwa 5 Minuten kräftig anbraten. Sofort auf die vorgewärmte Platte geben und im 80 Grad heissen Ofen 45–60 Minuten nachgaren lassen.

4 Den Bratensatz mit dem Noilly Prat auflösen und durch ein Sieb in ein kleines Gefäss giessen.

5 In einem kleinen Topf 1 Esslöffel Butter erhitzen. Die Frühlingszwiebel darin glasig dünsten. Dann Bratenjus, Weisswein, Fond oder Bouillon sowie Balsamicoessig dazugiessen, den Thymian beifügen und alles bei grosser Hitze gut zur Hälfte einkochen lassen. Beiseitestellen.

6 Unmittelbar vor dem Servieren die Ofentemperatur auf 230 Grad erhöhen und die Lammracks 6 Minuten in aufsteigender Hitze Temperatur annehmen lassen.

7 Gleichzeitig die Sauce nochmals aufkochen. Die Butter in Stücken beifügen und in die Sauce einziehen lassen. Die Oliven und Cherrytomaten beifügen und alles nur noch 2–3 Minuten kochen lassen. Mit Salz und Pfeffer abschmecken.

8 Die Lammracks zwischen den Knochen in dicke Scheiben schneiden. Auf vorgewärmten Tellern anrichten und mit Olivensauce umgiessen.

Dazu passt: Kürbis-Knoblauch-Püree (Rezept Seite 184), in Olivenöl gebratene kleine Schalenkartoffeln, Rosmarinkartoffeln (Rezept Seite 192), Orientalischer Gemüsepilaw (Rezept Seite 181), Pistazien-Zitronen-Reis (Rezept Seite 189)

Zubereitung auch geeignet für:
Lammrückenfilet: Je nach Dicke auf jeder Seite nur gerade 1–1½ Minuten anbraten und 50–60 Minuten nachgaren. Fertiggaren: 5 Minuten in aufsteigender Hitze.
Lammhuft: Je nach Grösse 4–6 Minuten anbraten und 1–1¼ Stunden nachgaren. Fertiggaren: 6 Minuten in aufsteigender Hitze.
Kalbs- oder Schweinsnierstück: In der Mitte des Ofens bei 230 Grad 8 Minuten anbraten. Dann die Temperatur auf 80 Grad reduzieren; die Ofentüre etwa 5 Minuten offen lassen, damit die Temperatur rasch absinkt. Bei 80 Grad weitere 1½–1¾ Stunden nachgaren. Fertiggaren: 6–7 Minuten in aufsteigender Hitze.
Entrecôte double: Das Fleisch (pro Stück 300–400 g schwer) je nach Dicke und gewünschter Garstufe rundum, auch kurz an den Enden, insgesamt 2½–3 Minuten kräftig anbraten, dann 1 Stunde (blutig) bis 1½ Stunden (rosa) nachgaren. Fertiggaren: 5 Minuten in aufsteigender Hitze.
Schweinsfilet: Rundum insgesamt 4 Minuten anbraten und 1½–1¾ Stunden nachgaren. Fertiggaren: 5–6 Minuten in aufsteigender Hitze.
Pouletbrüstchen: Je nach Grösse auf jeder Seite 1½–2 Minuten anbraten und 45–60 Minuten nachgaren. Fertiggaren: 5 Minuten in aufsteigender Hitze.

ROSMARIN-SCHWEINSFILET MIT MARSALAJUS

Rosmarin und Schweinefleisch sind für mich eine der harmonischsten kulinarischen Paarungen. Wenn ich mal keinen frischen Rosmarin zur Hand habe, greife ich zu getrocknetem Rosmarinpulver, das fast so fein schmeckt wie die frischen Nadeln – vorausgesetzt, es ist nicht zu lange gelagert. In diesem Rezept wird ein Schweinsfilet in Rosmarin «verpackt» und so gebraten, was ihm einen intensiven Kräutergeschmack verleiht. Anstelle des italienischen Dessertweins Marsala kann man für die Sauce auch Madeira verwenden.

Für 4 Personen

Etwa 600 g Schweinsfilet
schwarzer Pfeffer aus der Mühle
8–10 Zweige Rosmarin, je nach Grösse
2 Esslöffel Olivenöl
Salz
200 ml Marsala
100 ml Weisswein
2 mittlere Zucchetti
75 g dünne Schinkenscheiben
80 g Butter
nach Belieben 4 kleine Rosmarinzweige zum Garnieren

1 Den Backofen auf 80 Grad vorheizen und eine Platte mitwärmen.

2 Das Schweinsfilet rundum mit frisch gemahlenem Pfeffer würzen. Dann die Rosmarinzweige um das Schweinsfilet legen, dabei das dünne Ende des Filets einklappen, damit es nicht zu schnell durchbrät. Alles mit Küchenschnur binden.

3 In einer Bratpfanne das Olivenöl erhitzen. Das Fleisch mit Salz würzen und bei mittlerer Hitze, damit der Rosmarin nicht verbrennt, rundum insgesamt etwa 5 Minuten anbraten. Sofort auf die vorgewärmte Platte geben und im 80 Grad heissen Ofen 1½–1¾ Stunden nachgaren lassen.

4 Den Bratensatz mit dem Marsala ablöschen, einmal aufkochen lassen, dann durch ein Sieb in einen kleinen Topf umgiessen. Den Weisswein dazugeben und alles auf knapp 100 ml einkochen lassen.

5 Die Zucchetti klein würfeln. Die Schinkenscheiben in kleine Vierecke schneiden.

6 Unmittelbar vor dem Servieren die Ofentemperatur auf 230 Grad erhöhen und das Schweinsfilet 5–6 Minuten in aufsteigender Hitze Temperatur annehmen lassen.

7 Gleichzeitig in einer beschichteten Bratpfanne in 1 gehäuften Esslöffel Butter die Zucchettiwürfelchen 3–4 Minuten leicht braun braten. Zuletzt den Schinken beifügen und kurz mitbraten.

8 Den Jus nochmals aufkochen. Die restliche Butter in Stücken beifügen und in die Sauce einziehen lassen. Mit Salz und Pfeffer abschmecken.

9 Zum Servieren die Rosmarinzweige entfernen und das Filet in Scheiben schneiden. Auf vorgewärmten Tellern auf der Zucchetti-Schinken-Mischung anrichten und alles mit Marsalajus umgiessen. Nach Belieben mit Rosmarinzweigen garnieren.

Dazu passt: Safranrisotto (Rezept Seite 179), Cherrytomaten-Basilikum-Bulgur (Rezept Seite 185), Kürbis-Knoblauch-Püree (Rezept Seite 184), Kartoffeln nach Risottoart (Rezept Seite 190)

Zubereitung auch geeignet für:
Kalbsfilet: Je nach Dicke des Filets rundum 4–5 Minuten anbraten und 1¾–2 Stunden nachgaren. Fertiggaren: 6–7 Minuten in aufsteigender Hitze. Den Schinken im Zucchettigemüse weglassen, eventuell etwas mehr Zucchetti verwenden.
Lammrückenfilet: Je nach Dicke auf jeder Seite nur gerade 1–1½ Minuten anbraten und 50–60 Minuten nachgaren. Fertiggaren: 5 Minuten in aufsteigender Hitze. Den Schinken im Zucchettigemüse weglassen, eventuell etwas mehr Zucchetti verwenden.

GEFÜLLTES SCHWEINSFILET MIT TOMATENRAHMSAUCE

Was für die einen die Piccata milanese mit Tomatenspaghetti, ist für unsere Familie dieses Schweinsfilet mit Tomatenrahmsauce, die perfekt zu Teigwaren aller Art – auch Spaghetti – passt. Die Füllung mit Zucchetti und Tomaten kann selbstverständlich variiert werden. Auch schon ausprobiert: Zucchetti und Peperoni (Paprika), Spinat und Tomaten oder Lauch, Dörrtomaten und Pinienkerne.

Für 4–5 Personen

Füllung:
150 g möglichst kleine Zucchetti
2 kleine feste Tomaten
1 kleine Zwiebel
1 gehäufter Teelöffel Butter
1 Esslöffel Doppelrahm
Salz, schwarzer Pfeffer aus der Mühle
Fleisch:
1 grosses Schweinsfilet, ca. 500 g schwer
2–3 Scheiben Schinken, je nach Grösse
1 grosse Schalotte
Salz, schwarzer Pfeffer aus der Mühle
1 Esslöffel Bratbutter
1 gehäufter Esslöffel Tomatenpüree
50 ml Noilly Prat (trockener französischer Wermut)
100 ml Gemüsebouillon
150 ml Doppelrahm
25 g Butter
1 Prise Cayennepfeffer

1 Für die Füllung die Enden der Zucchetti abschneiden, dann die Zucchetti der Länge nach in Scheiben, diese in Streifen und anschliessend in kleine Würfelchen schneiden. Die Tomaten waagrecht halbieren, entkernen und ebenfalls klein würfeln. Die Zwiebel schälen und fein hacken.

2 In einer kleinen beschichteten Bratpfanne die Butter erhitzen. Die Zwiebel darin glasig dünsten. Die Zucchettiwürfelchen beifügen und unter Wenden 2–3 Minuten dünsten. Zuletzt die Tomaten und den Doppelrahm beifügen, alles mit Salz und Pfeffer würzen und die entstandene Flüssigkeit vollständig verdampfen lassen. Abkühlen lassen.

3 Den Backofen auf 80 Grad vorheizen und eine Platte mitwärmen.

4 Das Schweinsfilet der Länge nach auf-, aber nicht durchschneiden. Unter Klarsichtfolie mit einem Fleischklopfer oder Teigroller leicht klopfen. Der Länge nach leicht überlappend mit den Schinkenscheiben belegen. Die Gemüsefüllung ebenfalls der Länge nach in der Mitte darauf verteilen (übrig gebliebene Füllung nach dem Anbraten des Filets auf die vorgewärmte Platte neben das Fleisch geben). Die Schinkenscheiben um die Füllung legen, dann das Schweinsfilet darüberklappen. Mit Küchenschnur 5- bis 6-mal binden.

5 Die Schalotte schälen und hacken.

6 Das Schweinsfilet mit Salz und Pfeffer rundum würzen. In einer Bratpfanne die Bratbutter rauchheiss erhitzen. Das Schweinsfilet darin rundum insgesamt 4 Minuten anbraten. Auf die vorgewärmte Platte legen und im 80 Grad heissen Ofen etwa 1¾ Stunden nachgaren lassen.

7 Im Bratensatz die Schalotte glasig dünsten. Das Tomatenpüree beifügen und kurz mitdünsten, bis es gut riecht. Mit Noilly Prat und Bouillon ablöschen und bei grosser Hitze zur Hälfte einkochen lassen. Dann Doppelrahm und Butter beifügen und die Sauce mit dem Stabmixer durchmixen. Wenn nötig die Sauce anschliessend noch so lange bei mittlerer Hitze kochen lassen, bis sie leicht bindet. Mit Salz und einem Hauch Cayennepfeffer abschmecken. Beiseitestellen.

8 Unmittelbar vor dem Servieren die Ofentemperatur auf 230 Grad erhöhen und das Schweinsfilet 5–6 Minuten in der aufsteigenden Hitze Temperatur annehmen lassen.

9 Gleichzeitig die Sauce nochmals aufkochen lassen und wenn nötig mit 2–3 Esslöffeln Wasser oder Noilly Prat verdünnen.

10 Das Schweinsfilet in dicke Scheiben aufschneiden, auf vorgewärmten Tellern anrichten und mit der Sauce umgiessen. Sofort servieren.

Dazu passt: Teigwaren, Kerbelrisotto (Rezept Seite 186), in Olivenöl gebratene kleine Schalenkartoffeln, Kartoffelküchlein mit Spinat (Rezept Seite 193)

Welches Fleisch passt auch?
Pouletbrüstchen: Die Brüstchen waagrecht auf-, aber nicht durchschneiden, dann zu einem grossen Rechteck klopfen. Füllen wie im Rezept beschrieben und aufrollen. Je nach Dicke der Rolle diese rundum 4–5 Minuten anbraten und 1–1¼ Stunden nachgaren. Fertiggaren: 6–7 Minuten in aufsteigender Hitze.
Kalbsfilet: Je nach Dicke des Filets rundum 4–5 Minuten anbraten und 1¾–2 Stunden nachgaren. Fertiggaren: 6–7 Minuten in aufsteigender Hitze.

SCHWEINSKOTELETT MIT GIN-RAHMSAUCE

Für Schweinskoteletts ist das sanfte Garen eine besonders ideale Garmethode, vermeidet man doch dadurch, dass sie zu lange gebraten und dadurch zäh und trocken werden. Wacholderbeeren werden zwar mehrheitlich für Gin und ähnliche Brände verwendet, sie schmecken aber auch als Gewürz gut zu kräftigem Fleisch wie Rind, Schwein oder Wild. Bei langer Garzeit kann man sie ganz beigeben, bei kurzen Kochzeiten empfiehlt es sich, die Beeren zu zerdrücken. Doch aufgepasst: Zerkleinert geben sie ein sehr intensives Aroma ab, deshalb sparsam damit umgehen!

Für 4 Personen

4 Schweinskoteletts
Salz, schwarzer Pfeffer aus der Mühle
1 Esslöffel Bratbutter
50 ml Gin
1 Teelöffel Wacholderbeeren
100 ml Kalbsfond oder leichte Hühnerbouillon
200 ml Rahm
einige Tropfen Sojasauce oder Worcestershiresauce

1 Den Backofen auf 80 Grad vorheizen und eine Platte mitwärmen.

2 Die Schweinskoteletts mit Salz und Pfeffer würzen. In einer Bratpfanne in der heissen Bratbutter zuerst ½ Minute kräftig, dann bei mittlerer Hitze insgesamt 5 Minuten anbraten. Sofort auf die vorgewärmte Platte geben und im 80 Grad heissen Ofen 45–60 Minuten nachgaren lassen.

3 Den Bratensatz mit dem Gin auflösen und durch ein feines Sieb in einen kleinen Topf giessen. Die Wacholderbeeren gut zerdrücken und zum Gin geben. Dann Kalbsfond oder Bouillon beifügen und alles bei grosser Hitze auf 50 ml einkochen lassen. Zuletzt den Rahm beifügen und alles noch so lange einkochen lassen, bis die Sauce cremig bindet. Mit Salz, Pfeffer und Soja- oder Worcestershiresauce abschmecken.

4 Unmittelbar vor dem Servieren die Ofentemperatur auf 230 Grad erhöhen und die Schweinskoteletts 6–7 Minuten in aufsteigender Hitze Temperatur annehmen lassen.

5 Die Koteletts auf vorgewärmten Tellern anrichten und mit Sauce um- und übergiessen.

Dazu passt: Kerbelrisotto (Rezept Seite 186), Rosmarinkartoffeln (Rezept Seite 192), Spinatküchlein (Rezept Seite 187), Geschmorte Artischocken mit Kräutern und Dörrtomaten (Rezept Seite 188)

Zubereitung auch geeignet für:
Kalbskotelett: Gleiche Zubereitung wie Schweinskotelett.
Pouletbrüstchen: Je nach Grösse der Brüstchen insgesamt 3–4 Minuten anbraten und 45–60 Minuten nachgaren. Fertiggaren: 5 Minuten in aufsteigender Hitze.
Schweinsfilet: Rundum insgesamt 4 Minuten anbraten und 1½–1¾ Stunden nachgaren. Fertiggaren: 5–6 Minuten in aufsteigender Hitze.
Entrecôte double: Das Fleisch (pro Stück 300–400 g schwer) je nach Dicke und gewünschter Garstufe rundum, auch kurz an den Enden, insgesamt 2½–3 Minuten kräftig anbraten, dann 1 Stunde (blutig) bis 1½ Stunden (rosa) nachgaren. Fertiggaren: 5 Minuten in aufsteigender Hitze.

ENTRECÔTE DOUBLE MIT HASELNUSSSAUCE

Ich ziehe das Entrecôte double mit einem Gewicht von 300–400 Gramm einem grossen Entrecôte vor, da ich nicht gerne allzu grosse Fleischscheiben auf dem Teller habe. Im Gegensatz zu diesem wird das Entrecôte double quer geschnitten, was appetitlich kleine Scheiben ergibt. Aber wie vieles ist natürlich auch dies Ansichtssache, und ich überlasse Ihnen gerne die Wahl, mit welchem Fleischstück Sie dieses Gericht mit seiner originellen Sauce zubereiten. Wer Haselnüsse nicht verträgt oder mag, kann die Sauce auch mit Mandeln oder Pinienkernen zubereiten.

Für 4–6 Personen

80 g Haselnusskerne
1 mittlere Zwiebel
1 Knoblauchzehe
1 Bund Petersilie
2 Entrecôtes doubles, je 300–350 g schwer
Salz, schwarzer Pfeffer aus der Mühle
2–3 Esslöffel Olivenöl
75 g Butter
150 ml Weisswein
½ Teelöffel Fleischextrakt oder ganz wenig Bouillonpaste

1 Die Haselnüsse auf ein Blech geben und im 180 Grad heissen Ofen auf der zweituntersten Rille etwa 10 Minuten rösten; dabei die Nüsse auf dem Blech zwei- bis dreimal durchrütteln. Auf ein Küchentuch geben und die braunen Häutchen abrubbeln. Dann die Nüsse mit dem Zwiebelhacker oder dem Wiegemesser mittelfein hacken, jedoch auf keinen Fall mahlen, da sie sonst zu «mehlig» in der Konsistenz werden.

2 Die Ofentemperatur auf 80 Grad reduzieren und eine Platte mitwärmen.

3 Zwiebel und Knoblauch schälen und sehr fein hacken, ebenso die Petersilie.

4 Die Entrecôtes doubles mit Salz und Pfeffer würzen. Im heissen Olivenöl rundum – auch an den Enden – je nach Dicke der Fleischstücke insgesamt 2½–3 Minuten kräftig anbraten. Sofort auf die vorgewärmte Platte geben und im 80 Grad heissen Ofen 1 Stunde (saignant, blutig) bis 1½ Stunden (à point, rosa) nachgaren lassen.

5 Inzwischen im Bratensatz 25 g Butter schmelzen. Zwiebel, Knoblauch und Haselnüsse darin unter Wenden 2–3 Minuten dünsten. Den Weisswein dazugiessen, Fleischextrakt oder Bouillonpaste beifügen und alles um gut ein Drittel einkochen lassen. Beiseitestellen.

6 Unmittelbar vor dem Servieren die Ofentemperatur auf 230 Grad erhöhen und die Entrecôtes doubles in aufsteigender Hitze 5 Minuten Temperatur annehmen lassen.

7 Gleichzeitig die Haselnusssauce nochmals aufkochen. Die Petersilie beifügen. Dann die restliche Butter (50 g) in Flocken in die leicht kochende Sauce geben und einziehen lassen. Mit Salz und Pfeffer abschmecken.

8 Die Entrecôtes doubles quer in Scheiben aufschneiden, auf die Platte zurückgeben und mit Haselnusssauce beträufeln. Sofort servieren.

Dazu passt: Rosmarinkartoffeln (Rezept Seite 192), Kartoffeln nach Risottoart (Rezept Seite 190), Erbsotto (Rezept Seite 191), Gemüse-Couscous (Rezept Seite 180)

Zubereitung auch geeignet für:
Entrecôte: Ein Stück von 500–900 g je nach Dicke und gewünschter Garstufe rundum, auch an den Enden, insgesamt 3–4 Minuten anbraten, dann 1 Stunde (blutig) bis 1½ Stunden (rosa) nachgaren. Fertiggaren: 5 Minuten in aufsteigender Hitze. Ein Stück von 1–1½ kg je nach Dicke und gewünschter Garstufe rundum, auch an den Enden, insgesamt 4–6 Minuten anbraten, dann 1¼–1¾ Stunden nachgaren. Fertiggaren: 5 Minuten in aufsteigender Hitze.
Lammrückenfilet: Je nach Dicke auf jeder Seite nur gerade 1–1½ Minuten anbraten und 50–60 Minuten nachgaren. Fertiggaren: 5 Minuten in aufsteigender Hitze.
Schweinsfilet: Rundum insgesamt 4 Minuten anbraten und 1½–1¾ Stunden nachgaren. Fertiggaren: 5–6 Minuten in aufsteigender Hitze.
Kalbs- oder Schweinsnierstück: In der Mitte des Ofens bei 230 Grad 8 Minuten anbraten. Dann die Temperatur auf 80 Grad reduzieren; die Ofentüre etwa 5 Minuten offen lassen, damit die Temperatur rasch absinkt. Bei 80 Grad weitere 1½–1¾ Stunden nachgaren. Fertiggaren: 6–7 Minuten in aufsteigender Hitze.
Pouletbrüstchen: Je nach Grösse auf jeder Seite 1½–2 Minuten anbraten und 45–60 Minuten nachgaren. Fertiggaren: 5 Minuten in aufsteigender Hitze.

LAMMHÜFTCHEN MIT WÜRZIGER MADEIRASAUCE

Das Fleisch der aus der Keule stammenden Lammhuft ist zart und mager. Eine Lammhuft wiegt in der Regel zwischen 150 und höchstens 250 Gramm und reicht für 2 Personen. Am saftigsten schmeckt sie rosa gebraten. Anstelle von Lammhuft sind Lammrückenfilets eine gute Alternative.

Für 4–5 Personen

6 Zweige Thymian für das Fleisch
2–3 Lammhüftchen, je ca. 150–250 g schwer
Salz, schwarzer Pfeffer aus der Mühle
1 Esslöffel Bratbutter
150 ml Madeira
100 ml Gemüse- oder Hühnerbouillon
2 Esslöffel Balsamicoessig
1 kleine rote Chilischote
1 Teelöffel Fenchelsamen
2 in Öl eingelegte Dörrtomaten
2–3 Zweige Thymian für die Sauce
1 grosse Knoblauchzehe
1 Bund glattblättrige Petersilie
50 g Butter

1 Den Backofen auf 80 Grad vorheizen und eine Platte mitwärmen.

2 Die Thymianblättchen von den Zweigen zupfen. Die Lammhüftchen mit Salz und Pfeffer würzen und mit den Thymianblättchen bestreuen; gut andrücken.

3 In einer Bratpfanne die Bratbutter kräftig erhitzen. Die Fleischstücke darin rundum je nach Grösse insgesamt 4–6 Minuten anbraten. Dann sofort auf die vorgewärmte Platte geben und im 80 Grad heissen Ofen 1–1¼ Stunden nachgaren lassen.

4 Den Bratensatz mit dem Madeira auflösen und durch ein Sieb in einen kleinen Topf giessen. Die Bouillon und den Balsamicoessig beifügen.

5 Die Chilischote längs halbieren, entkernen und fein hacken. Die Fenchelsamen grob zerstossen. Die Dörrtomaten fast pastenartig hacken. Die Thymianblättchen für die Sauce von den Zweigen zupfen. Alles zur Madeiramischung geben. Den Knoblauch schälen und dazupressen. Die Madeirasauce gut zur Hälfte einkochen lassen. Beiseitestellen.

6 Die Petersilie fein hacken.

7 Unmittelbar vor dem Servieren die Ofentemperatur auf 230 Grad erhöhen und die Lammhüftchen in aufsteigender Hitze 6 Minuten Temperatur annehmen lassen.

8 Gleichzeitig die Sauce nochmals aufkochen. Die Petersilie sowie die Butter in Flocken beifügen und in die Sauce einziehen lassen. Mit Salz und Pfeffer abschmecken.

9 Die Lammhüftchen in Scheiben aufschneiden, auf vorgewärmten Tellern anrichten und mit Madeirasauce über- und umgiessen.

Dazu passt: Kartoffeln nach Risottoart (Rezept Seite 190), Rosmarinkartoffeln (Rezept Seite 192), Safranrisotto (Rezept Seite 179), Knollenselleriepüree mit Olivenpaste (Rezept Seite 182), Karamellisierter Chicorée (Rezept Seite 179)

Zubereitung auch geeignet für:
Lammrückenfilet: Je nach Dicke auf jeder Seite nur gerade 1–1½ Minuten anbraten und 50–60 Minuten nachgaren. Fertiggaren: 5 Minuten in aufsteigender Hitze.
Entrecôte double: Das Fleisch (pro Stück 300–400 g schwer) je nach Dicke und gewünschter Garstufe rundum, auch kurz an den Enden, insgesamt 2½–3 Minuten kräftig anbraten, dann 1 Stunde (blutig) bis 1½ Stunden (rosa) nachgaren. Fertiggaren: 5 Minuten in aufsteigender Hitze.
Schweinsfilet: Rundum insgesamt 4 Minuten anbraten und 1½ –1¾ Stunden nachgaren. Fertiggaren: 5–6 Minuten in aufsteigender Hitze.
Pouletbrüstchen: Je nach Grösse auf jeder Seite 1½–2 Minuten anbraten und 45–60 Minuten nachgaren. Fertiggaren: 5 Minuten in aufsteigender Hitze.

HIRSCHENTRECÔTE MIT GLÜHWEINSAUCE

Ein raffiniertes Wildgericht und dennoch einfach in der Zubereitung. Wichtig beim Niedertemperaturgaren von Wild ist, eine möglichst kurze Nachgarzeit zu wählen, da bei längerem Verbleib im Ofen eine zusätzliche Fleischreifung stattfindet und dadurch ein sehr ausgeprägtes Aroma entsteht, was nicht jedermanns Sache ist. Die würzige Glühweinsauce passt übrigens auch sehr gut zu anderen Fleischsorten.

Für 4–5 Personen

Sauce:
100 ml frisch zubereiteter Schwarztee
1 unbehandelte Orange
1 unbehandelte Zitrone
300 ml Rotwein
2 Gewürznelken
½ Zimtstange
2 Esslöffel Zucker
1 Teelöffel Fleischextrakt
200 g Trauben (weisse und blaue oder nur eine Sorte)
Fleisch:
500–600 g Hirschentrecôtes
Salz, schwarzer Pfeffer aus der Mühle
1 Esslöffel Bratbutter
50 ml roter Portwein
Zum Fertigstellen:
75 g Butter

1 Zuerst den Schwarztee zubereiten; er sollte nicht allzu stark im Aroma sein. Von der Orange und der Zitrone die Schale dünn abreiben.

2 Schwarztee, Orangen- und Zitronenschale, Rotwein, Nelken, Zimt und Zucker in einen kleinen Topf geben und bei grosser Hitze auf etwa 100 ml einkochen. Absieben und in den ausgespülten Topf zurückgeben. Den Fleischextrakt beifügen. Beiseitestellen.

3 Die Traubenbeeren von den Zweigen zupfen, waschen, der Länge nach halbieren und mit einem spitzen Messerchen die Kerne entfernen.

4 Den Backofen auf 80 Grad vorheizen und eine Platte mitwärmen.

5 Die Hirschentrecôtes beidseitig mit Salz und Pfeffer würzen. In einer Bratpfanne die Bratbutter kräftig erhitzen. Das Fleisch hineingeben, die Hitze um etwa ein Drittel reduzieren und die Entrecôtes je nach Dicke insgesamt 6–7 Minuten braten. Dann sofort auf die vorgewärmte Platte geben und im 80 Grad heissen Ofen 20–30 Minuten nachgaren lassen.

6 Den Bratensatz mit dem Portwein ablöschen und zur Hälfte einkochen lassen. Durch ein Sieb zur beiseitegestellten Sauce giessen.

7 In einem Pfännchen 1 Esslöffel Butter erhitzen und die Trauben darin nur kurz erhitzen. Zugedeckt warm halten.

8 Die Sauce nochmals aufkochen. Die restliche Butter in Stücken beifügen und in die leicht kochende Sauce einziehen lassen. Mit Salz und Pfeffer abschmecken.

9 Das Hirschentrecôte in Scheiben aufschneiden, auf vorgewärmten Tellern anrichten, die Trauben darum herum verteilen und alles mit Sauce umgiessen.

Dazu passt: Kartoffel-Petersilienwurzel-Püree, Wildreismischung, roter Camarguereis, Mandelspätzli (Rezept Seite 182), Kürbis-Knoblauch-Püree (Rezept Seite 184), Schupfnudeln (Rezept Seite 189), Polentacreme (Rezept Seite 185)

Zubereitung auch geeignet für:
Lammrückenfilet: Je nach Dicke auf jeder Seite nur gerade 1–1½ Minuten anbraten und 50–60 Minuten nachgaren. Fertiggaren: 5 Minuten in aufsteigender Hitze (siehe auch Seite 9).
Lammhuft: Je nach Grösse des Stücks 4–6 Minuten anbraten und 1–1¼ Stunden nachgaren. Fertiggaren: 6 Minuten in aufsteigender Hitze (siehe auch Seite 9).
Schweinsfilet: Rundum insgesamt 4 Minuten anbraten und 1½ –1¾ Stunden nachgaren. Fertiggaren: 5–6 Minuten in aufsteigender Hitze (siehe auch Seite 9).
Pouletbrüstchen: Je nach Grösse der Brüstchen auf jeder Seite 1½–2 Minuten anbraten und 45–60 Minuten nachgaren. Fertiggaren: 5 Minuten in aufsteigender Hitze (siehe auch Seite 9).

MIT PILZEN GEFÜLLTES RINDSFILET AN WACHOLDERSAUCE

Am besten gelingt dieses raffinierte, aber leider auch sehr teure Fleischgericht mit einem Filetstück aus der Mitte, weil sich dieses am besten zum Füllen eignet. Nicht geeignet ist das dünn auslaufende Endstück. Bleibt beim Füllen Pilzmasse übrig, so gibt man den Rest neben das angebratene Filet auf die vorgewärmte Platte in den Ofen und verteilt die Pilze beim Aufschneiden auf das Fleisch. Dies gilt vor allem auch dann, wenn das Gericht mit dem dünneren und notabene wesentlich preisgünstigeren Schweinsfilet zubereitet wird.

Für 4–6 Personen

10 g gedörrte Steinpilze
200 g Champignons
1 Schalotte
1 Knoblauchzehe
1 Esslöffel Butter
Salz, schwarzer Pfeffer aus der Mühle
600–800 g Rindsfilet, gleichmässig dick
1 Esslöffel Bratbutter
Wacholdersauce:
2 Schalotten
200 ml Rotwein
200 ml Kalbsfond
15 Wacholderbeeren
1 gehäufter Esslöffel Johannisbeergelee
50 g Butter

1 Die Steinpilze unter warmem Wasser gründlich spülen, dann in ein Schüsselchen geben und mit Wasser bedeckt 15 Minuten einweichen. Abschütten, gut ausdrücken und hacken.

2 Die Champignons klein würfeln. Schalotte und Knoblauchzehe schälen und fein hacken.

3 In einer beschichteten Bratpfanne die Butter erhitzen. Schalotte und Knoblauch darin glasig dünsten. Die Hitze höher stellen, Champignons und Steinpilze beifügen und alles kräftig braten, bis der entstandene Saft vollständig verdampft ist. Die Pilze mit Salz und Pfeffer würzen. Abkühlen lassen.

4 Am einen Ende des Rindsfilets in der Mitte mit einem langen Messer oder dem Stiel eines Kochlöffels ein Loch bis ans andere Ende bohren, dann dieses sorgfältig leicht ausweiten, um für die Füllung Platz zu schaffen. Die Pilzmasse mit einem kleinen Löffel hineinpressen. Das Filet kann soweit einige Stunden im Voraus vorbereitet werden; in diesem Fall wieder kühl stellen.

5 Für die Sauce die Schalotten schälen und hacken. Mit dem Rotwein in einen kleinen Topf geben und zur Hälfte einkochen lassen. Dann den Kalbsfond beifügen. Die Wacholderbeeren im Mörser oder mit dem Boden einer Pfanne zerdrücken und dazugeben. Alles wiederum zur Hälfte einkochen lassen. Dann den Johannisbeergelee unterrühren und darin auflösen. Die Sauce durch ein feinmaschiges Sieb streichen, dabei die Rückstände gut auspressen.

6 Den Ofen auf 80 Grad vorheizen. Eine Platte mitwärmen.

7 In einer Bratpfanne die Bratbutter erhitzen. Das Rindsfilet mit Salz und Pfeffer würzen. Rundum je nach Dicke insgesamt 5–6 Minuten kräftig anbraten. Dann sofort auf die vorgewärmte Platte geben und im 80 Grad heissen Ofen etwa 1½ Stunden nachgaren lassen.

8 Unmittelbar vor dem Servieren die Ofentemperatur auf 230 Grad erhöhen und das Rindsfilet 5–6 Minuten in aufsteigender Hitze Temperatur annehmen lassen.

9 Gleichzeitig die Sauce nochmals aufkochen. Die Butter in Stücken beifügen und in die Sauce einziehen lassen. Mit Salz und Pfeffer abschmecken.

10 Das Rindsfilet in dicke Scheiben aufschneiden, sofort auf vorgewärmten Tellern anrichten und mit Sauce umgiessen.

Dazu passt: Polentacreme (Rezept Seite 185), Safranrisotto (Rezept Seite 179), Cherrytomaten-Basilikum-Bulgur (Rezept Seite 185), Schupfnudeln (Rezept Seite 189), Geschmorte Artischocken mit Kräutern und Dörrtomaten (Rezept Seite 188), Rosmarinkartoffeln (Rezept Seite 192)

Zubereitung auch geeignet für:
Schweinsfilet: Das Filet der Länge nach so einschneiden, dass es sich aufklappen und füllen lässt; anschliessend mit Küchenfaden binden (am besten so, dass es später zwischen den Fäden in Scheiben geschnitten werden kann und damit beim Anrichten nicht auseinanderfällt). Je nach Dicke insgesamt 4–5 Minuten anbraten. Der Rest der Zubereitung bleibt sich gleich.

KALBSNIERSTÜCK IN BASILIKUM-SPECK-MANTEL

Ein Basilikumpesto, jedoch ohne Käse und Knoblauch, verleiht dem zarten Fleischstück viel Aroma, ohne zu dominieren, und der Speck sorgt dafür, dass es schön saftig bleibt. Anstelle von Speck kann man das Fleisch auch mit grossen Scheiben gekochtem oder Rohschinken umwickeln. Da diese jedoch im Ofen leicht antrocknen, muss man sie während des Nachgarens mit dem entstehenden Fleischjus immer wieder bestreichen.

Für 5–6 Personen

2 Bund Basilikum
2–3 Esslöffel Olivenöl
40 g Pinienkerne
Salz, schwarzer Pfeffer aus der Mühle
1–1,2 kg Kalbsnierstück
ca. 100 g Rohessspeck in dünnen Scheiben
Sauce:
1 grosse Schalotte
1 Knoblauchzehe
1 Esslöffel Butter
100 ml Weisswein
200 ml Kalbsfond oder leichte Gemüsebouillon
200 ml Doppelrahm
¾–1 Bund Basilikum, je nach Grösse und Aromaintensität

1 Die Basilikumblätter sehr fein hacken und sofort mit dem Olivenöl mischen. Die Pinienkerne mittelfein hacken und beifügen. Alles mit Salz und Pfeffer würzen.

2 Vom Fleisch falls vorhanden den Fettdeckel entfernen (evtl. vom Metzger machen lassen). Das Fleisch auf eine Platte legen. Die Basilikum-Pinienkern-Masse daraufstreichen. Dann die Speckscheiben überlappend darüberlegen und je nach Länge die Enden eventuell unter das Fleischstück schieben.

3 Den Backofen auf 230 Grad vorheizen.

4 Das Fleisch bei 230 Grad in der Mitte des Ofens 8 Minuten anbraten. Dann die Temperatur auf 80 Grad reduzieren und die Ofentüre etwa 8 Minuten offen lassen, damit die Temperatur rasch absinkt. Das Fleisch bei 80 Grad je nach Dicke weitere 1½–1¾ Stunden nachgaren lassen.

5 Für die Sauce Schalotte und Knoblauchzehe schälen und fein hacken.

6 In einem kleinen Topf die Butter erhitzen. Schalotte und Knoblauch darin andünsten. Weisswein und Fond oder Bouillon dazugiessen und alles bei starker Hitze auf etwa 100 ml einkochen lassen. Den Doppelrahm beifügen und die Sauce mit dem Stabmixer fein pürieren. Noch so lange kochen lassen, bis sie leicht cremig bindet.

7 Die Basilikumblätter fein hacken.

8 Am Ende der Nachgarzeit die Ofentemperatur wieder auf 230 Grad erhöhen und das Fleisch 6–7 Minuten in der aufsteigenden Hitze Temperatur annehmen lassen.

9 Gleichzeitig die Sauce nochmals aufkochen. Das Basilikum beifügen und die Sauce mit Salz und Pfeffer abschmecken.

10 Das Kalbsnierstück in Scheiben aufschneiden, auf vorgewärmten Tellern anrichten und mit etwas Sauce begiessen.

Dazu passt: Kartoffelpüree mit gerösteten Tomaten, Nudeln, Spargel- oder Zucchettirisotto, Gemüse-Couscous (Rezept Seite 180), Cherrytomaten-Basilikum-Bulgur (Rezept Seite 185), Karottenpüree mit grünem Pfeffer (Rezept Seite 190)

Zubereitung auch geeignet für:
Schweinsnierstück: Bei 230 Grad im Ofen 8 Minuten anbraten. Dann die Temperatur auf 80 Grad reduzieren; die Ofentüre etwa 5 Minuten offen lassen, damit die Temperatur rasch absinkt. Bei 80 Grad je nach Dicke weitere 1¾–2 Stunden nachgaren. Fertiggaren: 6–7 Minuten in aufsteigender Hitze.

KALBSHOHRÜCKEN MIT ORANGENSENF

Für die Würze von Fleisch und Sauce sorgt ein mit Orangensaft und -schale aromatisierter grobkörniger Senf. Man kann den Braten damit bereits am Vorabend einstreichen und im Kühlschrank über Nacht marinieren lassen. In diesem Fall jedoch vor dem Anbraten ½ Stunde Zimmertemperatur annehmen lassen. Übrigens: Bei der Verwendung von Senf zum Marinieren oder zum Aromatisieren von Saucen ist Vorsicht geboten. Wird Senf zu stark erhitzt oder zu lange kochen gelassen, schmeckt er gerne bitter. Feine Senfsorten sind dabei empfindlicher als grobkörnige.

Für 6–8 Personen

Orangensenf:
1 unbehandelte Orange
4–5 gehäufte Esslöffel grobkörniger Senf
Fleisch:
1–1,2 kg Kalbshohrücken
2 Esslöffel Orangensenf
2 Esslöffel Bratbutter
Salz, schwarzer Pfeffer aus der Mühle
Sauce:
1 Schalotte
1 Teelöffel Butter
50 ml Cognac oder Brandy
200 ml Kalbsfond oder leichte Hühner- oder Gemüsebouillon
200 ml Rahm
2 Esslöffel Orangensenf
nach Belieben wenig Cognac

1 Für den Orangensenf von ½ Orange die Schale dünn abreiben.

2 Den Saft der ganzen Orange auspressen und in einem kleinen Topf auf etwa 2 Esslöffel einkochen lassen. Die abgeriebene Schale beifügen und die Reduktion auskühlen lassen. Dann mit dem grobkörnigen Senf mischen.

3 Den Kalbshohrücken rundum mit 2 Esslöffeln Orangensenf einreiben und in eine Gratinform legen. Mit Klarsichtfolie abgedeckt 1 Stunde bei Zimmertemperatur ziehen lassen.

4 Den Backofen auf 230 Grad vorheizen.

5 In einem kleinen Topf die Bratbutter rauchheiss erhitzen. Den marinierten Kalbshohrücken mit Salz und Pfeffer würzen und mit der heissen Bratbutter beträufeln. Im 230 Grad heissen Ofen auf der mittleren Rille 10 Minuten anbraten. Dann die Temperatur auf 80 Grad reduzieren und die Türe etwa 8 Minuten offen lassen, damit die Temperatur rasch absinkt. Das Fleisch im 80 Grad heissen Ofen etwa 2 Stunden nachgaren lassen.

6 Für die Sauce die Schalotte schälen und fein hacken.

7 In einem kleinen Topf die Butter erhitzen. Die Schalotte darin glasig dünsten. Cognac oder Brandy beifügen und zur Hälfte einkochen lassen. Dann den Kalbsfond oder die Bouillon dazugiessen und wieder gut zur Hälfte reduzieren. Nun den Rahm beifügen und die Sauce weitere 5 Minuten lebhaft kochen lassen. Vom Herd nehmen. Den Orangensenf beifügen und die Sauce mit dem Stabmixer pürieren. Mit Salz, Pfeffer und nach Belieben wenig Cognac abschmecken. Beiseitestellen.

8 Unmittelbar vor dem Servieren die Ofentemperatur wieder auf 230 Grad erhöhen und den Kalbshohrücken 7–8 Minuten in aufsteigender Hitze Temperatur annehmen lassen.

9 Gleichzeitig die Sauce nochmals erhitzen, jedoch nicht zu lange kochen lassen, damit der Senf nicht bitter schmeckt.

10 Den Kalbshohrücken in Scheiben aufschneiden, auf vorgewärmten Tellern anrichten und mit etwas Sauce umgiessen.

Dazu passt: Feine Nudeln, roter Camarguereis, Wildreismischung, Sellerie-Kartoffel-Püree, Kartoffelküchlein mit Spinat (Rezept Seite 193), Schupfnudeln (Rezept Seite 189)

Zubereitung auch geeignet für:
Runde Kalbsnuss (600–700 g): Je nach Dicke bei 230 Grad im Ofen 8–10 Minuten anbraten, dann bei 80 Grad etwa 2 Stunden nachgaren. Fertiggaren: 8 Minuten in aufsteigender Hitze.
Kalbs- oder Schweinsnierstück: Bei 230 Grad im Ofen 8 Minuten anbraten, dann bei 80 Grad 1½–1¾ Stunden nachgaren. Fertiggaren: 6–7 Minuten in aufsteigender Hitze.
Schweinsfilet: In der Pfanne je nach Grösse rundum insgesamt 4 Minuten anbraten, dann im Ofen 1½–1¾ Stunden nachgaren. Fertiggaren: 5–6 Minuten in aufsteigender Hitze.
Entenbrust: In der Pfanne auf der Fettseite (Haut) 3 Minuten, dann auf der Fleischseite je nach Dicke der Brüstchen 1–2 Minuten anbraten und etwa 1 Stunde nachgaren. Fertiggaren: 5–6 Minuten in aufsteigender Hitze.
Pouletbrüstchen: In der Pfanne je nach Grösse auf jeder Seite 1½–2 Minuten anbraten und im Ofen 45–60 Minuten nachgaren. Fertiggaren: 5 Minuten in aufsteigender Hitze.

SCHWEINSBRATEN MIT TOMATEN-RUM-SAUCE

Rum wird in der Fleischküche eher selten verwendet, verleiht jedoch dieser Sauce eine ganz besondere, leicht exotische Würze. Ich habe sie zum ersten Mal für ein Hühnerragout ausprobiert und war von diesem «Coq au Rum» so begeistert, dass ich die Sauce jetzt auch gerne mit anderen Fleischsorten kombiniere.

Für 6–7 Personen

Etwa 1,2 kg Schweinsnierstück (Rücken) oder ein anderes zartes Schweinsbratenstück
Salz, schwarzer Pfeffer aus der Mühle
2 Esslöffel Bratbutter
300 g San-Marzano- oder Fleischtomaten
1 Bund Frühlingszwiebeln
1 rote Chilischote
2 Knoblauchzehen
1 grosse mehlig kochende Kartoffel
1 gehäufter Esslöffel Butter
½ Teelöffel gemahlener Piment
100 ml brauner Rum
150 ml Kalbsfond oder leichte Hühnerbouillon
2 Lorbeerblätter
1 Bund glattblättrige Petersilie
150 ml Rahm

1 Den Backofen auf 230 Grad vorheizen.

2 Das Bratenstück mit Salz und Pfeffer würzen und in einen Bräter oder in eine grosse Gratinform legen. In einem kleinen Topf die Bratbutter rauchheiss erhitzen. Sofort über das Bratenstück träufeln und dieses bei 230 Grad in der Mitte des Ofens 8 Minuten anbraten. Dann die Temperatur auf 80 Grad reduzieren und die Ofentüre etwa 8 Minuten offen lassen, damit die Temperatur rasch absinkt. Den Braten bei 80 Grad je nach Art und Dicke des Stücks 1¾–2 Stunden nachgaren lassen.

3 Inzwischen in einem kleinen Topf reichlich Wasser aufkochen. Den Stielansatz der Tomaten herausschneiden. Die Tomaten etwa 30 Sekunden in das kochende Wasser legen, dann sofort kalt abschrecken, häuten, entkernen und in kleine Würfel schneiden.

4 Die Frühlingszwiebeln mitsamt schönem Grün hacken. Die Chilischote der Länge nach halbieren, entkernen und fein hacken. Die Knoblauchzehen schälen und ebenfalls hacken. Die Kartoffel schälen und möglichst klein würfeln.

5 In einem mittleren Topf die Butter erhitzen. Frühlingszwiebeln, Knoblauch und Chilischote darin andünsten. Den Piment darüberstäuben und kurz mitrösten. Dann Tomaten und Kartoffel beifügen und alles mit Rum und Kalbsfond oder Bouillon ablöschen. Die Lorbeerblätter dem Rand entlang mit einer Schere einschneiden, damit die ätherischen Öle austreten können, und beifügen. Die Sauce ungedeckt 10 Minuten lebhaft kochen lassen.

6 Die Petersilie fein hacken.

7 Nach 10 Minuten Kochzeit den Rahm sowie die Hälfte der Petersilie zur Sauce geben und diese noch so lange kochen lassen, bis sie leicht bindet. Mit Salz und Pfeffer abschmecken. Vom Herd nehmen und direkt auf die Oberfläche der Sauce ein Stück Klarsichtfolie legen, damit sich beim Abkühlen keine Haut bildet.

8 Am Ende der Nachgarzeit des Fleischs die Ofentemperatur wieder auf 230 Grad erhöhen und den Braten 7–8 Minuten in aufsteigender Hitze Temperatur annehmen lassen.

9 Gleichzeitig die Sauce nochmals aufkochen.

10 Den Braten in Scheiben aufschneiden, auf vorgewärmten Tellern anrichten und mit etwas Sauce begiessen.

Dazu passt: Quark-Griess-Gnocchi (Rezept Seite 181), Pistazien-Zitronen-Reis (Rezept Seite 189), Nudeln, Mandelspätzli (Rezept Seite 182)

Zubereitung auch geeignet für:
Schweinsfilet: In der Pfanne rundum insgesamt 4 Minuten anbraten, dann im Ofen 1½–1¾ Stunden nachgaren. Fertiggaren: 6 Minuten in aufsteigender Hitze.
Rindshohrücken (1–1,2 kg): In der Pfanne rundum 4–5 Minuten anbraten, dann im Ofen etwa 2½ Stunden nachgaren. Fertiggaren: 5–6 Minuten in aufsteigender Hitze.
Entenbrust: In der Pfanne auf der Fettseite (Haut) 3 Minuten, dann auf der Fleischseite je nach Dicke der Brüstchen 1–2 Minuten anbraten. Im Ofen etwa 1 Stunde nachgaren. Fertiggaren: 5–6 Minuten in aufsteigender Hitze.
Pouletbrüstchen: In der Pfanne je nach Grösse auf jeder Seite 1½–2 Minuten anbraten, dann im Ofen 45–60 Minuten nachgaren. Fertiggaren: 5 Minuten in aufsteigender Hitze.

ROASTBEEF MIT KLASSISCHER ROTWEINSAUCE

Beide sind eine Klasse für sich – Fleisch und Sauce. Wenn ich das Gericht im Voraus einplanen kann, kaufe ich das Roastbeef etwa 1 Woche vor Verwendung, lasse es vom Metzger vakuumieren und lagere es dann nochmals am kältesten Ort im Kühlschrank. Das Fleisch unbedingt etwa 1 Stunde vor der Zubereitung aus dem Kühlschrank nehmen, damit es Zimmertemperatur annehmen kann. Die Rotweinsauce passt natürlich nicht nur zu Roastbeef, sondern auch zu vielen anderen kräftigen Fleischsorten. Sie kann übrigens gut einige Tage im Voraus zubereitet werden (dann allerdings ohne Beigabe der Butter); so muss man sie vor dem Servieren nur noch einmal kräftig aufkochen und mit Butter verfeinern und leicht binden.

Für 7–8 Personen

1½ kg Roastbeef (Entrecôte oder Huft)
Salz, schwarzer Pfeffer aus der Mühle
3 Esslöffel Bratbutter
Sauce:
1 Schalotte
2 Knoblauchzehen
100 g Karotte
100 g Stangen- oder Knollensellerie
1 kleine Lauchstange
1 Esslöffel Bratbutter
1 gehäufter Esslöffel Tomatenpüree
1 Teelöffel Zucker
¼ l Kalbsfond oder leichte Fleischbouillon
¾ l kräftiger Rotwein
2–3 frische Lorbeerblätter
2 Zweige Rosmarin
4 Zweige Thymian
100 g kalte Butter
evtl. wenig Zucker

1 Den Backofengrill auf 230 Grad vorheizen. Einen Bräter auf der mittleren Rille miterhitzen.

2 Das Roastbeef rundum mit Salz und Pfeffer würzen. In einem kleinen Topf die Bratbutter rauchheiss erhitzen.

3 Den vorgeheizten Bräter aus dem Ofen nehmen. Das Fleisch hineinlegen, mit der heissen Bratbutter beträufeln und sofort unter dem heissen Grill bei 230 Grad auf der mittleren Rille 10 Minuten anbraten, dabei das Fleisch nach 5 Minuten wenden.

4 Den Grill ausschalten und die Ofentemperatur auf 80 Grad Unter-/Oberhitze einstellen. Die Ofentüre etwa 8 Minuten offen lassen, damit die Temperatur rasch absinkt. Das Roastbeef bei 80 Grad je nach gewünschter Garstufe 2½–3 Stunden nachgaren lassen.

5 Für die Sauce die Schalotte schälen und in Scheiben schneiden. Die Knoblauchzehen schälen und halbieren. Karotte und Sellerie würfeln. Den Lauch waschen und in Ringe schneiden.

6 In einem eher weiten Topf die Bratbutter erhitzen. Das vorbereitete Gemüse darin kräftig anrösten. Tomatenpüree und Zucker beifügen und mitrösten, dann mit Kalbsfond oder Bouillon sowie Rotwein ablöschen. Die Lorbeerblätter dem Rand entlang mit einer Schere einschneiden und mit den Rosmarin- und Thymianzweigen beifügen. Zuerst alles zugedeckt 10 Minuten kochen lassen. Dann den Deckel entfernen und die Sauce gut zur Hälfte einkochen lassen.

7 Die Sauce durch ein Sieb giessen, dabei die Rückstände gut auspressen. Die Sauce in den Topf zurückgeben und auf 200 ml einkochen.

8 Unmittelbar vor dem Servieren die Ofentemperatur wieder auf 230 Grad erhöhen und das Roastbeef in aufsteigender Hitze 5 Minuten Temperatur annehmen lassen.

9 Gleichzeitig die Sauce nochmals aufkochen. Die Butter in Stücken in die leicht kochende Sauce geben und einziehen lassen; die Sauce soll leicht binden. Mit Salz, Pfeffer und wenn nötig wenig Zucker abschmecken.

10 Das Roastbeef in Scheiben aufschneiden. Auf vorgewärmten Tellern anrichten und mit Sauce umgiessen.

Dazu passt: Schupfnudeln (Rezept Seite 189), Rosmarinkartoffeln (Rezept Seite 192), Cherrytomaten-Basilikum-Bulgur (Rezept Seite 185), Gemüse-Couscous (Rezept Seite 180), Orientalischer Gemüsepilaw (Rezept Seite 181), Kürbis-Knoblauch-Püree (Rezept Seite 184)

Zubereitung auch geeignet für:
Rindshohrücken (1–1,2 kg): In der Pfanne rundum 4–5 Minuten anbraten, dann bei 80 Grad im Ofen etwa 2½ Stunden nachgaren. Fertiggaren: 5–6 Minuten in aufsteigender Hitze.
Lammgigot: Das Fleisch mit Olivenöl einstreichen, mit Salz und Pfeffer würzen. Auf die gleiche Weise wie das Roastbeef anbraten, jedoch insgesamt 12–15 Minuten. Anschliessend je nach Grösse bei 80 Grad im Ofen 3–3½ Stunden nachgaren. Fertiggaren: 8–10 Minuten in aufsteigender Hitze.

AUFGESCHLAGENE SAUCEN

Saucenklassiker

Zwei Saucen, die jeder kennt: Mayonnaise und Hollandaise. Beide gehören zu den sogenannnten «aufgeschlagenen Saucen», weil sie mit dem Schwing- oder Schneebesen zu einer luftigen Creme geschlagen werden. Der entscheidende Unterschied zwischen den beiden: Bei der Mayonnaise geschieht das Aufschlagen in kaltem Zustand, für die Hollandaise wird die Masse so lange erhitzt, bis sie zu binden beginnt.

AUFGESCHLAGENE KALTE SAUCEN

Ihren Namen soll die Mayonnaise in Erinnerung an die 1756 erfolgreich geschlagene Schlacht bei Mahón auf Menorca erhalten haben, weshalb sie in Spanien «Salsa mahonesa» heisst. Nach einer anderen Überlieferung gab es sie jedoch schon viel früher, entstanden durch Zufall: Ein Ei fiel ins Öl, alles wurde kräftig verrührt – und die Mayonnaise war geboren. Im Grundsatz wird sie auch heute noch genau gleich zubereitet: Zu einer Mischung von Eigelb, Senf, Salz und Pfeffer wird langsam Öl gegossen, bis sich das Ganze zu einer dicken Sauce verbindet.

Grundrezept Mayonnaise

Ergibt etwa 150 ml

1 grosses Eigelb
1 Teelöffel scharfer Senf
2–3 Prisen Salz
1 Teelöffel Zitronensaft
1 Teelöffel Weissweinessig
ca. 150 ml Erdnuss- oder Rapsöl

1 Wichtig: Alle Zutaten vor der Zubereitung Zimmertemperatur annehmen lassen.
Am einfachsten ist die Zubereitung der Mayonnaise in einem hohen Becher mit dem *Stabmixer*: Eigelb, Senf, Salz, Zitronensaft und Essig so lange mixen, bis sich das Salz aufgelöst hat *(Bild 1)*. Wird die Mayonnaise *von Hand mit dem Schwingbesen* aufgeschlagen *(Bild 2)*, gibt man Zitronensaft und Essig erst beim Abschmecken der Mayonnaise bei.

2 Jetzt zunächst tropfenweise, später in dünnem Faden das Öl daruntermixen *(Bild 3)*. Gibt man das Öl zu schnell bei, kann die Mayonnaise gerinnen oder bleibt dünn. Falls die Mayonnaise gerinnt, 1 Esslöffel kochendes Wasser beifügen, dann kann sie sich wieder verbinden. Wenn das ganze Öl eingearbeitet ist, sollte die Mayonnaise dick, cremig und hellgelb sein *(Bild 4)*. Die Mayonnaise mit Salz sowie nach Belieben Zitronensaft oder Essig abschmecken.

Welches Öl?

Neutral schmecken Erdnuss- oder Rapsöl. Verwendet man Olivenöl, sollte es in der Regel nicht mehr als ein Viertel bis ein Drittel der gesamten Ölmenge ausmachen, da es sehr dominant sein kann. Eine Ausnahme bildet Aïoli, die provenzalische Knoblauchmayonnaise, die traditionell ausschliesslich mit Olivenöl zubereitet wird.

Leichte Mayonnaise

Unter die fertige Mayonnaise glatt gerührten Joghurt, nordische Sauermilch, sauren Halbrahm, Quark und/oder steif geschlagenes Eiweiss ziehen *(Bild 5)*. Mayonnaise mit Eischnee muss möglichst frisch genossen und darf nicht länger als ½ Tag im Kühlschrank gelagert werden.

Mayonnaise-Abwandlungen

Mayonnaise ist auch die Basis für eine Reihe anderer Saucen, lässt sie sich doch durch unzählige Zutaten abwandeln: Kräuter, Gewürze, Knoblauch, Ketchup, Schale und Saft von Zitrusfrüchten, Gewürzgurken, Kapern, Sardellenfilets und viele andere Zutaten geben ihr eine immer wieder andere Note. Hier die drei bekanntesten Mayonnaise-Variationen:

Sauce Tartare (A)

50 g Cornichons, 1 hart gekochtes Ei, 2–3 gut unter kaltem Wasser gespülte Sardellenfilets, 1 Esslöffel Kapern sowie 1 Bund Petersilie fein hacken und unter das Mayonnaise-Grundrezept mischen.
Passt zu: Roastbeef und anderem dünn aufgeschnittenem kaltem Braten, Fleischfondue, Fisch und Gemüse im Ausbackteig, Eiern aller Art, Spargeln und Artischocken.

Cocktailsauce (B)

Unter das Mayonnaise-Grundrezept 2–3 Esslöffel Ketchup, 1 Esslöffel Cognac und 1 Esslöffel Orangensaft rühren, mit Worcestershiresauce und Cayennepfeffer oder einigen Tropfen Tabasco abschmecken. Nach Belieben mit etwas geschlagenem Halbrahm oder luftig gerührtem Rahmquark mischen.
Passt zu: Chicoréesalat, Meeresfrüchte-Cocktails, Poulet, Avocado, Spargeln und hart gekochten Eiern.

Aïoli (C)

1 kleine gekochte Kartoffel durch ein feines Sieb streichen, mit den Grundzutaten für die Mayonnaise mischen, dann das Öl beifügen. Mit 3–4 durchgepressten Knoblauchzehen sowie 1 Briefchen Safran, das mit 2 Esslöffel kochendem Wasser verrührt wurde, würzen.
Passt zu: Bouillabaisse und anderen Fischsuppen, Fisch, gekochtem Gemüse, Kartoffeln, pochierten oder wachsweich gekochten Eiern.

4

5

A

B

C

AUFGESCHLAGENE WARME SAUCEN

Die «Sauce Hollandaise» ist ein Klassiker der französischen «Haute Cuisine», der Küche der Meisterköche. Wohl nicht zuletzt deshalb steht sie im Ruf, besonders heikel in der Zubereitung zu sein. Aber wer sich einmal daran wagt – am besten ohne Zeitdruck und einfach aus Spass am Ausprobieren –, wird feststellen, dass ihre Zubereitung viel einfacher ist als ihr Ruf. Nützlich ist dabei allerdings das Wissen darüber, was eigentlich genau beim Aufschlagen der Hollandaise geschieht.
Auch die «Hollandaise» ist, wie die Mayonnaise, eine Emulsion, bei der jedoch das Öl durch Butter ersetzt wird und die Bindung sich unter dem Einfluss von Wärme vollzieht: Eigelb wird nämlich ab 70 Grad Celsius fest. Dies bedeutet, dass die Temperatur bei der Saucenzubereitung mindestens 65 Grad Celsius betragen muss – dann fängt das Eigelb an zu binden –, jedoch 69 Grad Celsius nicht überschreiten darf, sonst flockt das Eigelb aus. Die Zubereitung einer Hollandaise gleicht daher einem Drahtseilakt: Um sie schön dickflüssig und homogen zu bekommen, muss man sie so lange erwärmen, bis sie fast «kippt».

Grundrezept Hollandaise
Ergibt etwa 300 ml Sauce

1 Schalotte
150 ml Weisswein
4–5 Zweige Petersilie
8 schwarze Pfefferkörner
3 Eigelb
150 g Butter
Zitronensaft
Salz, Pfeffer aus der Mühle

1 Die Schalotte schälen und fein hacken *(Bild 1).*

2 Den Weisswein mit der Schalotte, den Petersilienzweigen und den zerdrückten Pfefferkörnern aufkochen und bei grosser Hitze auf 50 ml einkochen lassen *(Bild 2).* Absieben, dabei die Würzzutaten gut ausdrücken *(Bild 3).* Etwas abkühlen lassen.

3 Den Fond mit den Eigelben in einer Rührschüssel (wenn möglich aus Metall) verrühren.

4 Die Butter bei kleiner Hitze schmelzen *(Bild 4).*

5 In einem Topf, auf den sich die Rührschüssel setzen lässt, 2 cm hoch Wasser aufkochen. Die Schüssel mit der Eigelbmischung darübersetzen und die Mischung zu einer cremigen Masse aufschlagen *(Bild 5)*. Nun die flüssige Butter in dünnem Faden nach und nach darunterrühren *(Bild 6)*. Dabei auf die Temperatur des Wasserbads achten: Hat man das Gefühl, dass die Sauce sehr dick oder zu heiss wird, sofort vom Wasserbad nehmen und neben der Herdplatte weiterrühren.

6 Zuletzt die Sauce mit Zitronensaft, Salz und Pfeffer abschmecken.

Hollandaise-Tricks

- Ideal zum Aufschlagen von Saucen und Dessertspeisen über einem heissen Wasserbad ist eine Schüssel aus Edelstahl, da diese die Hitze gut leitet. Die Schüssel sollte ausserdem einen runden oder abgerundeten Boden aufweisen, damit am Rand der Schüssel keine Rückstände kleben bleiben beziehungsweise gerinnen. Für ein Wasserbad genügt es, den Topf etwa 2 cm hoch mit Wasser zu füllen; die Schüssel wird nämlich über und nicht in das Wasserbad gesetzt.

- Butter muss immer bei milder Hitze geschmolzen werden, sonst verbrennt sie schnell. Leicht gebräunte Butter nennt man «Beurre noisette»; sie schmeckt dann leicht nussig, was Saucen zwar einen feinen Geschmack verleiht, sie aber relativ schwer verdaulich macht. In manchen Rezepten wird die Hollandaise auch mit kalter, in Stücken beigefügter Butter gebunden; rascher und einfacher geht es jedoch mit flüssiger Butter.

- Warm aufgeschlagene Saucen sollten immer erst kurz vor der Verwendung zubereitet werden. Einerseits verlieren sie recht schnell ihre Luftigkeit, andererseits ist ihre Gartemperatur von 65 bis 69 Grad Celsius ein idealer Nährboden für Bakterien (Salmonellen). Aus dem gleichen Grund sollten für Hollandaise wie auch für Mayonnaise möglichst frische Eier verwendet werden.

- Wenn eine Hollandaise scheidet, kann sie gerettet werden, nicht aber, wenn sie gerinnt. Beim Scheiden stimmt das Verhältnis von Fett zu Flüssigkeit nicht mehr. In diesem Fall gibt man sofort – wie bei der Mayonnaise – unter kräftigem Schlagen 1–2 Esslöffel warmes Wasser dazu. Dadurch wird die Sauce in der Regel wieder glatt und cremig. Sobald sich jedoch Klümpchen bilden, weil das Eigelb ausgeflockt ist, bleibt lediglich die Möglichkeit, die Hollandaise so rasch als möglich abzukühlen (Eiswasserbad – unbedingt gut rühren!) und dann die Sauce im Mixer zusammen mit einem Eiswürfel oder einem Löffel eiskaltem Wasser durchzumixen. Das Eigelb bleibt dabei zwar geronnen, wird aber zu Miniklümpchen zerhackt – was immerhin eine Notlösung ist.

Hollandaise-Abwandlungen

Sauce Béarnaise

Die gleichen Zutaten wie für die Sauce Hollandaise verwenden, die Petersilie aber durch Estragon ersetzen; besonders intensiv im Geschmack wird die Sauce, wenn man dem Sud zusätzlich noch 1 Esslöffel Estragonessig beigibt. Am Schluss etwas fein gehackten Estragon unter die fertige Sauce rühren.
Passt zu: gebratenem und grilliertem Fleisch und Fisch, Fleischfondue, pochierten Eiern oder neuen Kartoffeln.

Sauce Maltaise

Dem nach Grundrezept eingekochten Sud 1–2 Esslöffel Blutorangensaft und wenig fein geschnittene, kurz in heissem Wasser blanchierte Orangenschalenstreifen beifügen. Die Sauce weiter wie im Grundrezept beschrieben mit Eigelb und Butter zubereiten.
Passt zu: Spargeln, Artischocken, Fleischfondue, pochierten Eiern, gebratenen Kartoffeln in der Schale.

Sauce Mousseline

Der fertigen Sauce Hollandaise etwas steif geschlagenen Rahm (evtl. mit einem Teil steif geschlagenem Eiweiss vermischt) beifügen.
Passt zu: Fisch und Gemüse.

Sauce Choron

Zum Hollandaise-Grundrezept 2–3 Esslöffel Tomatenpüree beigeben.
Passt zu: gebratenem und grilliertem Fleisch und Fisch, Fleischfondue.

POULETBRÜSTCHEN MIT SOMMERGEMÜSE UND BASILIKUMMAYONNAISE

Dieses Gericht gehört zu meinen absoluten Sommerfavoriten, schmeckt es doch lauwarm oder ausgekühlt genauso gut wie heiss. Mit anderen Worten: Es lässt sich gut vorbereiten. Allerdings sollten Fleisch und Gemüse – im Gegensatz zur Sauce – nicht im Kühlschrank gelagert werden, weil sie sonst viel von ihrem Aroma verlieren. Daher wickle ich die Pouletbrüstchen nach dem Nachgaren im Ofen satt in Alufolie und lasse sie auf diese Weise abkühlen; dabei bleiben sie schön saftig. Das Gemüse richte ich auf einer grossen Platte an, decke es nach dem Abkühlen mit Klarsichtfolie zu und lasse es bei Zimmertemperatur stehen. Beides lässt sich etwa 3 Stunden im Voraus zubereiten.

Für 4 Personen

4 Pouletbrüstchen
Salz, schwarzer Pfeffer aus der Mühle
2–3 Esslöffel Olivenöl
1 Teelöffel Dijonsenf
Sauce:
1 Bund Basilikum
1 Würfel tiefgekühlter, aufgetauter Blattspinat
1 Eigelb
1 Teelöffel scharfer Senf
2–3 Prisen Salz
2 Teelöffel Zitronensaft
100 ml Distel-, Erdnuss- oder Rapsöl
180 g griechischer Joghurt oder nordische Sauermilch
Gemüse:
1 Bund Frühlingszwiebeln
4 mittlere Zucchetti
je 1 rote und gelbe Peperoni (Paprika)
200 g Cherrytomaten
2–3 Esslöffel Olivenöl

1 Den Backofen auf 80 Grad vorheizen und eine Platte mitwärmen.

2 Die Pouletbrüstchen mit Salz und Pfeffer würzen. In einer Bratpfanne das Olivenöl kräftig erhitzen und die Pouletbrüstchen je nach Grösse 1½–2 Minuten anbraten. Zuletzt hauchdünn mit Senf bestreichen und nochmals ganz kurz in der heissen Pfanne wenden. Dann sofort auf die vorgewärmte Platte geben und im 80 Grad heissen Ofen 45–60 Minuten nachgaren lassen.

3 Inzwischen die Sauce zubereiten: Dafür die Basilikumblätter in feine Streifchen schneiden. Den Spinat sehr gut ausdrücken und fein hacken.

4 Eigelb, Senf, Salz und Zitronensaft in einen hohen Becher geben und mit dem Stabmixer durchmixen, bis sich das Salz aufgelöst hat. Dann tropfenweise, später in dünnem Faden das Öl daruntermixen. Wenn etwa die Hälfte des Öls eingearbeitet ist, Basilikum und Spinat beifügen, gut durchmixen, dann das restliche Öl im Faden darunterschlagen. Die sehr dicke Sauce in eine Schüssel geben. Nun Joghurt oder Sauermilch daruntermischen und die Sauce mit Salz und Pfeffer abschmecken. Kühl stellen.

5 Für das Gemüse die Frühlingszwiebeln schräg in etwa 1 cm breite Stücke schneiden. Die Enden der Zucchetti abschneiden und die Zucchetti ungeschält in Stängelchen schneiden. Die Peperoni halbieren, entkernen und in daumengrosse Streifen schneiden. Die Cherrytomaten waschen und den Stielansatz mit einem spitzen Messerchen herausschneiden.

6 In einer grossen beschichteten Bratpfanne oder in einem Wok das Olivenöl erhitzen. Frühlingszwiebeln, Zucchetti und Peperoni hineingeben, mit Salz und Pfeffer kräftig würzen und unter häufigem Wenden 5 Minuten braten. Dann die Cherrytomaten beifügen und nur noch gerade 2 Minuten mitbraten. Das Gemüse wenn nötig nachwürzen.

7 Die Pouletbrüstchen schräg in Scheiben aufschneiden, auf dem Sommergemüse anrichten und die Basilikummayonnaise separat dazu servieren.

Dazu passt: Frisches Baguette oder in der Folie gebackene Kräuterkartoffeln (Rezept Seite 186)

Zubereitung auch geeignet für:
Kaninchenfilets: Je nach Dicke rundum insgesamt 3–4 Minuten anbraten und 20 Minuten nachgaren. Will man sie ausgekühlt servieren, entfällt das Nachgaren im Ofen. Sofort nach dem Braten in Alufolie wickeln und abkühlen lassen.
Schweinsfilet: Rundum insgesamt 4 Minuten anbraten und 1½–1¾ Stunden nachgaren. Fertiggaren: 5–6 Minuten in aufsteigender Hitze (siehe auch Seite 9). Will man das Filet ausgekühlt servieren, nach 1½ Stunden Nachgaren in Alufolie wickeln und abkühlen lassen.
Truthahnbrust: Je nach Dicke rundum 6–8 Minuten anbraten und 1¾–2 Stunden nachgaren. Fertiggaren: 7–8 Minuten in aufsteigender Hitze (siehe auch Seite 9). Will man die Truthahnbrust ausgekühlt servieren, nach 1¾ Stunden Nachgaren in Alufolie wickeln und abkühlen lassen.

PFEFFER-ENTRECÔTE AUF SPINAT MIT ZITRONENMAYONNAISE

Gleich mit vier verschiedenen Pfeffersorten wird das Fleisch gewürzt. Es gibt sie einzeln zu kaufen, aber auch als fertige Mischung, ideal zum Nachfüllen in die Pfeffermühle und geeignet zum Würzen vieler Käse-, Eier-, Fleisch- und Saucengerichte. Wird nur schwarzer und/oder weisser Pfeffer zum Würzen der Entrecôtes verwendet, sollte man die Menge halbieren, weil der Pfeffer sonst zu dominant schmeckt.

Für 4 Personen

Je 1 Teelöffel schwarze, weisse, grüne und rote Pfefferkörner
2 Entrecôtes doubles, je 250–300 g schwer
Salz
2 Esslöffel Bratbutter
50 ml Gemüsebouillon
Mayonnaise:
1 unbehandelte Zitrone
1 Eigelb
½ Teelöffel Senf
Salz, Pfeffer aus der Mühle
ca. 150 ml Raps-, Distel- oder Sonnenblumenöl
2–3 Esslöffel Rahmquark
Spinat:
600 g frischer Spinat
1 kleine Zwiebel
1 Knoblauchzehe
2 Esslöffel Olivenöl

1 Den Backofen auf 80 Grad vorheizen und eine Platte mitwärmen.

2 Die Pfefferkörner im Mörser mittelfein zerreiben. Die Entrecôtes damit bestreuen, gut andrücken und das Fleisch mit Salz würzen.

3 In einer Bratpfanne die Bratbutter kräftig erhitzen. Die Entrecôtes bei mittlerer Hitze rundum je nach Dicke insgesamt 4–5 Minuten anbraten. Das Fleisch auf die vorgewärmte Platte geben. Den Bratensatz mit der Bouillon auflösen und über das Fleisch verteilen. Das Fleisch im 80 Grad heissen Ofen 50–60 Minuten nachgaren lassen.

4 Für die Mayonnaise alle Zutaten Zimmertemperatur annehmen lassen. Von der Zitrone die Schale fein abreiben, in einer Schüssel mit Eigelb und Senf verrühren und mit Salz sowie Pfeffer würzen. Dann unter Rühren mit dem Schwingbesen oder dem Handrührgerät das Öl zunächst tropfenweise, dann im Faden beigeben und einarbeiten, bis sich eine dickliche Sauce bildet. Unter Weiterrühren den Quark beifügen.

Den Saft der Zitrone auspressen und die Mayonnaise mit vorerst 2–3 Esslöffeln Zitronensaft sowie Salz und Pfeffer würzen; nach Belieben noch etwas Zitronensaft beifügen. Kühl stellen.

5 Den Spinat gründlich waschen. Tropfnass in einen grossen Topf geben und nur so lange dünsten, bis er zusammengefallen ist. In ein Sieb abschütten und gut ausdrücken.

6 Die Zwiebel und den Knoblauch schälen und hacken.

7 In einem weiten Topf das Olivenöl erhitzen. Zwiebel und Knoblauch darin hellgelb dünsten. Den Spinat dazugeben und alles mit Salz sowie Pfeffer würzen.

8 Unmittelbar vor dem Servieren die Ofentemperatur auf 230 Grad erhöhen und die Entrecôtes doubles 5 Minuten in aufsteigender Hitze Temperatur annehmen lassen.

9 Gleichzeitig den Spinat nochmals gut heiss werden lassen.

10 Den Spinat auf vorgewärmte Teller geben. Das Fleisch quer zur Faser in Scheiben schneiden, auf dem Spinat anrichten und mit etwas Fleischjus beträufeln. Mit Mayonnaise garnieren oder diese separat dazu servieren.

Dazu passt: In Olivenöl gebratene kleine Schalenkartoffeln, Rosmarinkartoffeln (Rezept Seite 192), Pistazien-Zitronen-Reis (Rezept Seite 189)

Zubereitung auch geeignet für:
Pouletbrüstchen: Je nach Grösse auf jeder Seite 1½–2 Minuten anbraten und 45–60 Minuten nachgaren. Fertiggaren: 5 Minuten in aufsteigender Hitze.
Lammrückenfilet: Je nach Dicke auf jeder Seite nur gerade 1–1½ Minuten anbraten und 50–60 Minuten nachgaren. Fertiggaren: 5 Minuten in aufsteigender Hitze.
Lammhuft: Je nach Grösse 4–6 Minuten anbraten und 1–1¼ Stunden nachgaren. Fertiggaren: 6 Minuten in aufsteigender Hitze.
Schweinsfilet: Rundum insgesamt 4 Minuten anbraten, dann 1½–1¾ Stunden nachgaren. Fertiggaren: 5–6 Minuten in aufsteigender Hitze.
Kalbs- oder Schweinsnierstück: Bei 230 Grad im Ofen 8 Minuten anbraten. Dann die Temperatur auf 80 Grad reduzieren; die Ofentüre etwa 5 Minuten offen lassen, damit die Temperatur rasch absinkt. Bei 80 Grad weitere 1½–1¾ Stunden nachgaren. Fertiggaren: 6–7 Minuten in aufsteigender Hitze.

POULETBRÜSTCHEN AUF GEBRATENEN TOMATEN MIT SAFRANSCHAUM

Wenn immer möglich verwende ich Safranfäden und nicht Safranpulver, weil dieses wie viele gemahlene Gewürze relativ rasch sein blumiges Aroma verliert. Safranfäden halten sich hingegen luftdicht verschlossen und im Kühlschrank dunkel aufbewahrt 2–3 Jahre ohne Qualitätsverlust. Besonders intensiv entfaltet sich das Aroma der Fäden, wenn man sie vor der Verwendung einige Minuten im 40 Grad heissen Ofen erwärmt und erst dann im Mörser zerstösst.

Für 4 Personen

4 Pouletbrüstchen
Salz, schwarzer Pfeffer aus der Mühle
1 Esslöffel Bratbutter
½ Teelöffel Safranfäden
2 Esslöffel warmes Wasser
4 mittlere fleischige Tomaten
2 Zweige Basilikum
1 Knoblauchzehe
2 Esslöffel Olivenöl
Zum Fertigstellen:
100 g Butter
75 ml Rahm
60 g Paniermehl
2 Eigelb
2–3 Esslöffel Olivenöl
½ Esslöffel Zitronensaft

1 Den Backofen auf 80 Grad vorheizen und eine Platte mitwärmen.

2 Die Pouletbrüstchen mit Salz und Pfeffer würzen. In einer Bratpfanne die Bratbutter kräftig erhitzen und die Pouletbrüstchen darin je nach Grösse auf jeder Seite 1–1½ Minuten anbraten. Sofort auf die vorgewärmte Platte geben und im 80 Grad heissen Ofen 45–60 Minuten nachgaren lassen.

3 Die Safranfäden mit etwas Salz in einen Mörser oder in ein Espressotässchen geben und mit dem Mörserstössel oder dem Rücken eines kleinen Löffels die Fäden fein zerreiben. Das Wasser beifügen und alles gut mischen.

4 Von jeder Tomate einen dünnen Deckel und Boden abschneiden; sie werden nicht verwendet. Dann die Tomaten jeweils in 4 dicke Scheiben schneiden. Auf einer Platte auslegen.

5 Die Basilikumblätter sehr fein hacken und in ein Schüsselchen geben. Die Knoblauchzehe schälen und dazupressen. Das Olivenöl beifügen und alles gut mischen. Die Tomatenscheiben damit beidseitig bestreichen und mit Salz sowie Pfeffer würzen.

6 In einem kleinen Topf die Butter schmelzen und warm halten. Den Rahm steif schlagen und kühl stellen. Das Paniermehl in einen tiefen Teller geben. In einer Metallschüssel die Eigelbe mit dem Safranwasser verrühren. In einen Topf, auf den die Schüssel passt, gut 1 cm Wasser füllen.

7 Kurz vor Ende der Nachgarzeit der Pouletbrüstchen in einer beschichteten Bratpfanne das Olivenöl erhitzen. Die Tomaten beidseitig im Paniermehl wenden, ins heisse Öl geben und auf jeder Seite kurz braten. Auf eine Platte geben und neben das Fleisch in den Ofen schieben.

8 Unmittelbar vor dem Servieren die Ofentemperatur auf 230 Grad erhöhen und die Pouletbrüstchen in aufsteigender Hitze Temperatur annehmen lassen.

9 Das Wasserbad aufkochen. Die Schüssel mit Safran und Eigelb über das leicht kochende Wasser setzen und die Mischung mit dem Schwingbesen cremig aufschlagen. Dann die warme Butter langsam in dünnem Faden darunterschlagen, bis die Sauce dicklich bindet. Hat man das Gefühl, dass die Sauce sehr dick oder zu heiss wird, sofort vom Wasserbad nehmen und neben dem Herd weiterrühren. Mit Zitronensaft, wenn nötig Salz sowie frisch gemahlenem Pfeffer würzen. Zuletzt den geschlagenen Rahm daruntermischen.

10 Die Pouletbrüstchen schräg in Scheiben schneiden, auf den gebratenen Tomaten anrichten und mit etwas Safran-Hollandaise begiessen. Den Rest der Sauce separat dazu servieren.

Dazu passt: Basmatireis, in Bratbutter gebratene kleine Schalenkartoffeln, Quark-Griess-Gnocchi (Rezept Seite 181)

Zubereitung auch geeignet für:
Kalbsmedaillons: Je nach Dicke insgesamt 2–3 Minuten anbraten und etwa 45 Minuten nachgaren. Fertiggaren: 4–5 Minuten in aufsteigender Hitze.
Schweinsfiletmedaillons: Gleiche Zubereitungsart wie Kalbsmedaillons.
Lammmedaillons: 3 cm dicke Medaillons aus dem Lammrückenfilet schneiden. Auf jeder Seite je nach gewünschter Garstufe 1–1½ Minuten anbraten und 20–30 Minuten nachgaren.
Rindsmedaillons oder Rindssteaks: Auf jeder Seite je nach Dicke und gewünschter Garstufe 1–1½ Minuten anbraten und etwa 30 Minuten nachgaren.

ENTENBRÜSTCHEN MIT STEINPILZ-HOLLANDAISE

Diese würzige Pilz-Hollandaise passt hervorragend zu kräftigem rotem Fleisch wie Rind, Lamm und im Herbst auch zu Wild, erstaunlicherweise aber auch zu zartem Kalbfleisch und Poulet – die Variationsmöglichkeiten sind also gross. Auf die gleiche Weise könnte man übrigens auch eine Morchel-Hollandaise zubereiten: Auch die Morcheln gründlich spülen, etwa 10 Minuten in warmem Wasser einweichen, anschliessend diese Flüssigkeit abgiessen, die Pilze nochmals spülen und erst dann zum Rahm geben.

Für 4 Personen

100 ml Rahm
10 g getrocknete Steinpilze
2–3 Entenbrüstchen, je nach Grösse
Salz, schwarzer Pfeffer aus der Mühle
1 Esslöffel Bratbutter für das Fleisch
500 g feste braune Champignons
1 Bund glattblättrige Petersilie
100 g Butter
3 Eigelb
3 Esslöffel Noilly Prat (trockener französischer Wermut)
½ Esslöffel Bratbutter für die Pilze

1 Den Backofen auf 80 Grad vorheizen und eine Platte mitwärmen.

2 Den Rahm zur Hälfte einkochen lassen.

3 Inzwischen die Steinpilze unter fliessendem Wasser gründlich spülen, dann grob hacken. Zum eingekochten Rahm geben und 15 Minuten ausquellen lassen.

4 Die Entenbrüstchen auf der Hautseite mit einem spitzen, scharfen Messer gitterartig leicht einschneiden (evtl. vom Metzger machen lassen). Die Fleischseite kräftig mit Salz und Pfeffer würzen. In einer Bratpfanne die Bratbutter rauchheiss erhitzen. Die Entenbrüstchen zuerst auf der Fett- bzw. Hautseite 3 Minuten, dann auf der Fleischseite gut 1 Minute anbraten. Sofort auf die vorgewärmte Platte geben und im 80 Grad heissen Ofen etwa 1 Stunde nachgaren lassen.

5 Die Champignons in dicke Scheiben schneiden. Die Petersilie fein hacken. Etwa ein Drittel davon zur Pilz-Rahm-Mischung geben.

6 In einem kleinen Topf die Butter schmelzen und warm halten. In einer Metallschüssel die Eigelbe mit dem Noilly Prat sowie mit etwas Salz und Pfeffer verrühren.

7 Am Ende der Nachgarzeit in einer Bratpfanne die Bratbutter kräftig erhitzen. Die Champignons darin 2–3 Minuten sehr heiss braten. Zuletzt die Petersilie beifügen.

8 Unmittelbar vor dem Servieren die Ofentemperatur auf 230 Grad erhöhen und die Entenbrüstchen in der aufsteigenden Hitze 5–6 Minuten Temperatur annehmen lassen.

9 Die Schüssel mit der Eigelbmischung über ein leicht kochendes Wasserbad geben und mit dem Schwingbesen cremig aufschlagen. Dann die warme Butter langsam in dünnem Faden darunterschlagen, bis die Sauce dicklich bindet. Hat man das Gefühl, dass die Sauce sehr dick oder zu heiss wird, sofort vom Wasserbad nehmen und neben dem Herd weiterrühren. Den Steinpilzrahm beifügen und die Hollandaise nochmals kurz aufschlagen. Mit Salz und Pfeffer würzen.

10 Die Entenbrüstchen schräg in Scheiben aufschneiden und auf vorgewärmten Tellern auf den Champignons anrichten. Mit etwas Steinpilz-Hollandaise begiessen. Den Rest der Sauce separat dazu servieren.

Dazu passt: In Bratbutter gebratene kleine Schalenkartoffeln, roter Camarguereis, feine Nudeln, Karottenpüree mit grünem Pfeffer (Rezept Seite 190), Karamellisierter Chicorée (Rezept Seite 179)

Zubereitung auch geeignet für:
Pouletbrüstchen: Je nach Grösse auf jeder Seite 1½–2 Minuten anbraten und 45–60 Minuten nachgaren. Fertiggaren: 5 Minuten in aufsteigender Hitze.
Kalbsnierstück: Bei 230 Grad im Ofen 8 Minuten anbraten. Dann die Temperatur auf 80 Grad reduzieren; die Ofentüre etwa 5 Minuten offen lassen, damit die Temperatur rasch absinkt. Bei 80 Grad weitere 1½–1¾ Stunden nachgaren. Fertiggaren: 6–7 Minuten in aufsteigender Hitze.
Runde Kalbsnuss (600–700 g): Mit sehr heisser Bratbutter oder Olivenöl beträufeln und bei 230 Grad im Ofen je nach Dicke 8–10 Minuten anbraten. Dann die Temperatur auf 80 Grad reduzieren; die Ofentüre etwa 8 Minuten offen lassen, damit die Temperatur rasch absinkt. Bei 80 Grad etwa 2 Stunden nachgaren. Fertiggaren: 8 Minuten in aufsteigender Hitze.
Entrecôte double: Das Fleisch (pro Stück 300–400 g) je nach Dicke und gewünschter Garstufe rundum, auch kurz an den Enden, insgesamt 2½–3 Minuten kräftig anbraten, dann 1 Stunde (blutig) bis 1½ Stunden (rosa) nachgaren. Fertiggaren: 4–5 Minuten in aufsteigender Hitze.

SCHWEINSFILET MIT PEPERONI-SABAYON

Für diese charaktervolle Sauce werden die Peperoni (Paprika) geschält, was sie wesentlich leichter verdaulich macht. Dazu ist in diesem Fall kein aufwendiges Rösten nötig, sondern es genügt, sie mit dem Sparschäler zu schälen, da sie anschliessend in Bouillon und Noilly Prat gekocht und püriert werden. Diese durch das Gemüse bereits leicht gebundene Sauce hat auch den Vorteil, dass weniger Butter zum Aufschlagen des Sabayons nötig ist.

Für 4 Personen

Peperoni-Sabayon:
200 g rote Peperoni (Paprika)
1 Schalotte
½ Esslöffel Butter
100 ml Gemüsebouillon
50 ml Noilly Prat (trockener französischer Wermut) oder weisser Portwein
4 Zweige Thymian
Fleisch:
1 grosses Schweinsfilet, 450–500 g schwer
Salz, schwarzer Pfeffer aus der Mühle
1 Esslöffel Bratbutter
Zum Fertigstellen:
50 g Butter
3 Eigelb
Salz, Pfeffer
einige Tropfen Zitronensaft
einige Thymianzweige zum Garnieren

1 Die Peperoni mit dem Sparschäler schälen. Dann halbieren, entkernen und klein würfeln. Die Schalotte schälen und fein hacken.

2 In einem kleinen Topf die Butter erhitzen. Die Schalotte darin glasig dünsten. Peperoni, Bouillon, Noilly Prat oder Portwein sowie die Thymianzweige beifügen. Alles zugedeckt bei kleiner Hitze 10–12 Minuten kochen lassen.

3 Die Thymianzweige entfernen. Die Peperoni samt Flüssigkeit in einem Becher mit dem Stabmixer sehr fein pürieren. Bis hierher kann der Sabayon 1 Tag im Voraus zubereitet werden.

4 Den Backofen auf 80 Grad vorheizen und eine Platte mitwärmen.

5 Das Schweinsfilet mit Salz und Pfeffer würzen. In einer Bratpfanne die Bratbutter erhitzen. Das Schweinsfilet darin insgesamt 4 Minuten anbraten. Sofort auf die vorgewärmte Platte geben und bei 80 Grad im Ofen 1½–1¾ Stunden nachgaren lassen.

6 Kurz vor Ende der Nachgarzeit des Fleischs in einem kleinen Topf die Butter schmelzen. In einen zweiten Topf etwa 1 cm hoch Wasser füllen und aufkochen. In einer auf den Topf passenden Metallschüssel das Peperonipüree und die Eigelbe verrühren.

7 Unmittelbar vor dem Servieren die Ofentemperatur auf 230 Grad erhöhen und das Schweinsfilet in der aufsteigenden Hitze etwa 6 Minuten Temperatur annehmen lassen.

8 Gleichzeitig die Schüssel über das leicht kochende Wasserbad setzen und das Püree unter Schlagen so lange erhitzen, bis es leicht zu binden anfängt. Dann langsam die flüssige Butter darunterschlagen. Hat man das Gefühl, dass die Sauce sehr dick oder zu heiss wird, sofort vom Wasserbad nehmen und neben dem Herd weiterrühren. Den Sabayon vom Herd nehmen und mit Salz und Pfeffer sowie einigen Tropfen Zitronensaft würzen.

9 Das Schweinsfilet in Scheiben aufschneiden. Etwas Sabayon auf vorgewärmte Teller geben, die Schweinsfiletscheiben darauf anrichten und mit Thymianzweigen garnieren.

Dazu passt: Basmatireis, in Folie gebackene Kräuterkartoffeln (Rezept Seite 186), Rosmarinkartoffeln (Rezept Seite 192), Schupfnudeln (Rezept Seite 189)

Zubereitung auch geeignet für:
Pouletbrüstchen: Je nach Grösse auf jeder Seite 1½–2 Minuten anbraten und 45–60 Minuten nachgaren. Fertiggaren: 5 Minuten in aufsteigender Hitze.
Lammrückenfilet: Je nach Dicke auf jeder Seite nur gerade 1–1½ Minuten anbraten und 50–60 Minuten nachgaren. Fertiggaren: 4–5 Minuten in aufsteigender Hitze.
Lammhuft: Je nach Grösse 4–6 Minuten anbraten und 1–1¼ Stunden nachgaren. Fertiggaren: 6 Minuten in aufsteigender Hitze.
Entrecôte double: Das Fleisch (pro Stück 300–400 g schwer) je nach Dicke und gewünschter Garstufe rundum, auch kurz an den Enden, insgesamt 2½–3 Minuten kräftig anbraten, dann 1 Stunde (blutig) bis 1½ Stunden (rosa) nachgaren. Fertiggaren: 5 Minuten in aufsteigender Hitze.
Rindshohrücken (1–1,2 kg): Rundum insgesamt 4–5 Minuten anbraten und etwa 2½ Stunden nachgaren. Fertiggaren: 5–6 Minuten in aufsteigender Hitze.

ÜBERBACKENES DOPPELTES KALBSSTEAK MIT TOMATEN-BASILIKUM-HOLLANDAISE

Für dieses Gericht wird ein Kalbsnierstück nicht im Ganzen gebraten, sondern in breiten Stücken wie ein Entrecôte double vom Rind. Zum Servieren schneidet man dann das Fleisch wie dieses quer in Scheiben. Ich mag das, weil ich nicht gerne allzu grosse Fleischstücke auf dem Teller habe. Selbstverständlich kann die Tomaten-Hollandaise auch ohne Überbacken serviert werden, zum Beispiel als raffinierte Sauce zu einem Entrecôte, Roastbeef oder Kalbsfilet. In diesem Fall die Hollandaise erst unmittelbar vor dem Servieren aufschlagen.

Für 4 Personen

2 doppelte Kalbssteaks, je ca. 300 g schwer, aus dem Nierstück geschnitten
Salz, schwarzer Pfeffer aus der Mühle
1 Esslöffel Bratbutter
Tomaten-Hollandaise:
1 Schalotte
150 ml Weisswein
4–5 Zweige Petersilie
8 schwarze Pfefferkörner
2 feste Tomaten
4 Zweige Basilikum
3 Eigelb
150 g Butter
etwas Zitronensaft

1 Den Backofen auf 80 Grad vorheizen und eine Platte mitwärmen.

2 Das Fleisch mit Salz und Pfeffer würzen. In der sehr heissen Bratbutter rundum, auch an den Rändern, je nach Dicke 3–3½ Minuten anbraten. Sofort auf die vorgewärmte Platte geben und bei 80 Grad im Ofen 1 Stunde nachgaren lassen.

3 Für die Hollandaise die Schalotte schälen und fein hacken. Mit dem Weisswein, den Petersilienzweigen und den zerdrückten Pfefferkörnern aufkochen und auf 50 ml einkochen lassen. Absieben, dabei die Würzzutaten gut ausdrücken.

4 Die Tomaten waschen, waagrecht halbieren, entkernen und klein würfeln. Das Basilikum hacken.

5 Den Hollandaise-Sud mit den Eigelben in einer Metallschüssel verrühren. Die Butter bei kleiner Hitze schmelzen.

6 In einem Topf passender Grösse gut 1 cm hoch Wasser aufkochen. Die Schüssel mit der Eigelbmischung darübersetzen und diese zu einer cremigen Masse aufschlagen. Nun die flüssige Butter in dünnem Faden nach und nach darunterrühren. Hat man das Gefühl, dass die Sauce sehr dick oder zu heiss wird, sofort vom Wasserbad nehmen und neben dem Herd weiterrühren. Vom Wasserbad nehmen und mit Salz, Pfeffer sowie Zitronensaft abschmecken. Die Oberfläche der Sauce mit Klarsichtfolie bedecken, damit sich beim Abkühlen keine Haut bilden kann. Auf keinen Fall in den Kühlschrank stellen.

7 Nach 1 Stunde Garzeit die Kalbssteaks aus dem Ofen nehmen. Den Ofen auf Grillstufe und 230 Grad einstellen, dabei eventuell die Ofentüre leicht offen lassen, damit die Grillschlange schneller aufheizt.

8 Die Kalbssteaks quer – wie ein Entrecôte double – in Scheiben schneiden, wieder zusammenschieben und auf die Platte zurückgeben. Die Hollandaise mit den Tomaten und dem Basilikum mischen und darüber verteilen. Sofort unter dem 230 Grad heissen Grill im oberen Drittel des Ofens 3–4 Minuten überbacken, bis sich kleine braune Flecken auf der Hollandaise bilden.

Dazu passt: In Bratbutter gebratene kleine Schalenkartoffeln, Wildreismischung, Pistazien-Zitronen-Reis (Rezept Seite 189)

Zubereitung auch geeignet für:
Pouletbrüstchen: Insgesamt 3 Minuten anbraten und 1 Stunde nachgaren, dann nach Rezept fertigstellen.
Schweinsnierstück: Wie im Rezept beschrieben zubereiten.

LAMMRÜCKENFILET MIT DÖRRTOMATENKRUSTE UND BALSAMICO-HOLLANDAISE

Für diese originelle Hollandaise-Variation sollte man unbedingt einen fassgereiften Balsamicoessig verwenden. Man kann sich jedoch auch mit einem Griff in die Trickkiste behelfen: Man kauft einen Balsamessig zu einem bezahlbaren Preis, verdoppelt die rezeptierte Menge und kocht ihn jeweils vor der Verwendung in einer kleinen Pfanne auf die Hälfte ein. Auf diese Weise verdampft ein Grossteil des Wassers und der Essig wird konzentrierter, aromatischer und süsser. Dieses Konzentrat kann einem hochwertigen «Aceto balsamico di Modena» zwar nicht ganz das Wasser reichen, aber auch Spitzenköche greifen hin und wieder zu diesem Trick.

Für 4 Personen

100 g in Öl eingelegte Dörrtomaten
50 g Pinienkerne
½ Bund glattblättrige Petersilie
2–3 Lammrückenfilets, je nach Grösse
Salz, schwarzer Pfeffer aus der Mühle
1 Esslöffel Bratbutter
Hollandaise:
1 grosse Schalotte
2–3 Zweige Petersilie
100 ml Weisswein
50 ml leichte Gemüsebouillon
6 schwarze Pfefferkörner
2 Esslöffel gereifter Balsamicoessig (siehe Tipp oben)
50 ml Rahm
80 g Butter
3 Eigelb

1 Die Dörrtomaten auf Küchenpapier abtropfen lassen, dann grob hacken. In einer beschichteten Bratpfanne die Pinienkerne ohne Fettzugabe hellbraun rösten. Die Petersilie grob hacken. Alle diese Zutaten im Cutter zu einer eher groben Paste verarbeiten.

2 Den Backofen auf 80 Grad vorheizen und eine Platte mitwärmen.

3 Die Lammrückenfilets mit Salz und Pfeffer würzen. In einer Bratpfanne die Bratbutter kräftig erhitzen. Die Lammrückenfilets bei grösster Hitze auf der ersten Seite ohne Wenden 1 Minute anbraten, dann auf der zweiten Seite je nach Grösse 1–1½ Minuten weiterbraten. Sofort auf die vorgewärmte Platte geben, die Dörrtomatenpaste auf der Oberseite der Lammrückenfilets verteilen und gut andrücken. Das Fleisch im 80 Grad heissen Ofen 45–60 Minuten nachgaren lassen.

4 Inzwischen für die Hollandaise die Schalotte schälen und hacken. Mit den Petersilienzweigen, Weisswein, Bouillon und den grob zerdrückten Pfefferkörnern in einen kleinen Topf geben. Bei grosser Hitze zur Hälfte einkochen lassen. In eine Metallschüssel absieben, dabei die Rückstände gut auspressen. Den Balsamicoessig beifügen. Diese Reduktion kann bereits 2–3 Tage im Voraus zubereitet werden.

5 Den Rahm steif schlagen und kühl stellen. Die Butter in einem kleinen Topf schmelzen.

6 In der Schüssel die Eigelbe und die Balsamicoreduktion gut verrühren. In einem Topf passender Grösse gut 1 cm hoch Wasser aufkochen.

7 Unmittelbar vor dem Servieren die Ofentemperatur auf 230 Grad erhöhen und die Lammrückenfilets in der aufsteigenden Hitze 5 Minuten Temperatur annehmen lassen.

8 Gleichzeitig die Schüssel mit der Eigelbmischung über das leicht kochende Wasserbad setzen und so lange aufschlagen, bis die Zutaten leicht cremig binden. Dann in dünnem Faden die geschmolzene Butter darunterrühren und noch so lange weiterschlagen, bis die Hollandaise dicklich bindet. Die Sauce mit Salz und Pfeffer sehr pikant würzen. Zuletzt den Schlagrahm daruntermischen. Nach Belieben nochmals ganz kurz über dem Wasserbad aufschlagen.

9 Die Lammrückenfilets in Scheiben aufschneiden. Mit etwas Balsamico-Hollandaise sofort auf vorgewärmten Tellern anrichten. Den Rest der Sauce separat dazu servieren.

Dazu passt: Wildreismischung, Rosmarinkartoffeln (Rezept Seite 192), Geschmorte Artischocken mit Kräutern (Rezept Seite 188, Dörrtomaten weglassen), Karotten mit grünen Oliven (Rezept Seite 178)

Zubereitung auch geeignet für:
Pouletbrüstchen: Je nach Grösse auf jeder Seite 1½–2 Minuten anbraten und 45–60 Minuten nachgaren. Fertiggaren: 5 Minuten in aufsteigender Hitze.
Entrecôte double: Das Fleisch (pro Stück 300–400 g) je nach Dicke und gewünschter Garstufe rundum, auch kurz an den Enden, insgesamt 2½–3 Minuten kräftig anbraten, dann 1 Stunde (blutig) bis 1½ Stunden (rosa) nachgaren. Fertiggaren: 5 Minuten in aufsteigender Hitze.
Entenbrust: Die Fettschicht entfernen. Die Entenbrust auf jeder Seite je nach Dicke 1½–2 Minuten anbraten und 1 Stunde nachgaren. Fertiggaren: 5–6 Minuten in aufsteigender Hitze.

ENTRECÔTE DOUBLE MIT MARSALASCHAUM

Vom italienischen Süsswein Marsala gibt es die verschiedensten Qualitäten, von fein süsslich bis zu sehr süss. Für unser Rezept empfiehlt sich eine eher trockene Variante. Schmeckt die Sauce doch einmal zu süss, schaffen einige Tropfen Zitronensaft den Ausgleich. Wer keinen Marsala zur Hand hat, kann ihn gut auch durch Madeira oder roten Portwein ersetzen. Auch bei diesen Weinen gilt: eher trocken als süss.

Für 4–6 Personen

2 Fenchel
150 ml Gemüsebouillon
150 ml Weisswein
200 ml Marsala
200 ml Rahm
2 Entrecôtes doubles, je 300–400 g schwer
Salz, schwarzer Pfeffer aus der Mühle
1 Esslöffel Bratbutter
2 Zweige Dill
4 Eigelb
1 Prise Cayennepfeffer

1 Vom Fenchel die Stängelansätze wegschneiden und schönes Grün beiseitelegen. Den Strunkansatz dünn abschneiden. Dann den Fenchel der Länge nach von der Seite her in dünne Scheiben schneiden.

2 Den Fenchel in eine eher weite Pfanne geben, Gemüsebouillon sowie Weisswein dazugiessen und den Fenchel in der ungedeckten Pfanne etwa 10 Minuten leise kochen lassen. Dann den Fenchel sorgfältig herausheben und in eine Gratinform geben. Mit Klarsichtfolie bedeckt beiseitestellen.

3 Den Marsala zum Fenchelsud giessen und alles bei grosser Hitze auf etwa 100 ml einkochen. Den Rahm beifügen und alles nochmals so lange lebhaft kochen lassen, bis die Sauce sehr cremig bindet. In eine Metallschüssel umgiessen und die Oberfläche der Sauce mit Klarsichtfolie bedecken, damit sich beim Abkühlen keine Haut bildet.

4 Den Backofen auf 80 Grad vorheizen. Die Platte mit dem Fenchel in den Ofen stellen.

5 Von den Entrecôtes doubles, falls vorhanden, den Fettdeckel entfernen. Das Fleisch mit Salz und Pfeffer würzen. In einer Bratpfanne die Bratbutter rauchheiss erhitzen. Das Fleisch je nach Dicke und gewünschter Garstufe rundum, auch kurz an den Enden, insgesamt 2½–3 Minuten kräftig anbraten, dann im Ofen bei 80 Grad 1 Stunde (blutig) bis 1½ Stunden (rosa) nachgaren lassen.

6 Das beiseitegestellte Fenchelgrün klein schneiden. Den Dill hacken.

7 Am Schluss der Nachgarzeit des Fleischs für das Wasserbad in einem passenden Topf gut 1 cm hoch Wasser aufkochen.

8 Unmittelbar vor dem Servieren die Ofentemperatur auf 230 Grad erhöhen und das Fleisch in der aufsteigenden Hitze je nach Dicke und gewünschter Garstufe 4–5 Minuten Temperatur annehmen lassen.

9 Gleichzeitig die Marsalasauce mit den Eigelben verrühren. Die Schüssel über das leicht kochende Wasserbad setzen und so lange aufschlagen, bis die Sauce cremig bindet. Den Dill beifügen und die Sauce mit Salz, Pfeffer und Cayennepfeffer abschmecken.

10 Die Entrecôtes doubles quer zur Faser in Scheiben aufschneiden. Den Fenchel auf vorgewärmte Teller geben, das Fleisch darauf anrichten und mit etwas Sauce überziehen. Mit Fenchelgrün garnieren.

Dazu passt: Rosmarinkartoffeln (Rezept Seite 192), Gestürzter Spinat-Tomaten-Risotto (Rezept Seite 183), Karotten mit grünen Oliven (Rezept Seite 178), Cherrytomaten-Basilikum-Bulgur (Rezept Seite 185)

Zubereitung auch geeignet für:
Pouletbrüstchen: Je nach Grösse auf jeder Seite 1½–2 Minuten anbraten und 45–60 Minuten nachgaren. Fertiggaren: 5 Minuten in aufsteigender Hitze.
Lammhuft: Je nach Grösse 4–6 Minuten anbraten und 1–1¼ Stunden nachgaren. Fertiggaren: 6 Minuten in aufsteigender Hitze.
Kalbsnierstück: Vom Metzger wie ein Entrecôte double in Stücke von 300–400 g schneiden lassen, den Fettdeckel entfernen. Je nach Dicke insgesamt 2½–3 Minuten anbraten und 1½ Stunden nachgaren. Fertiggaren: 5–6 Minuten in aufsteigender Hitze.
Schweinsnierstück: Vom Metzger wie ein Entrecôte double in Stücke von 300–400 g schneiden lassen, den Fettdeckel entfernen. Je nach Dicke insgesamt 2½–3 Minuten anbraten und 1½ Stunden nachgaren. Fertiggaren: 6 Minuten in aufsteigender Hitze.

SCHWEINSNIERSTÜCK MIT BISTROSAUCE

Den Namen dieser Sauce habe ich kreiert, weil ich sie zum erstenmal in ähnlicher Form in einem Pariser Bistro gegessen habe. Ich habe dann versucht, sie zu Hause nachzukochen, was wegen der speziellen Würze der Sauce nicht ganz einfach war. Und so weiss ich nicht, ob Zutaten wie Madeira, Senf, Ketchup und Cognac dem Original entsprechen, aber sie verleihen der Sauce zumindest ein ähnliches Aroma. Die Schinkenstreifchen, die der Pariser Koch über die angerichtete Sauce streute, habe ich jedoch weggelassen.

Für 6–8 Personen

2 Schalotten
1–1,2 kg Schweinsnierstück
Salz, schwarzer Pfeffer aus der Mühle
1 Esslöffel Bratbutter
150 ml Madeira
150 ml Weisswein
1 Esslöffel Weisswein- oder Estragonessig
1 Teelöffel grob zerdrückte schwarze Pfefferkörner
20 g Butter
1 gehäufter Teelöffel Mehl
200 ml Kalbsfond oder leichte Hühnerbouillon
150 ml Rahm
1 Bund Estragon oder Petersilie
60 g Butter zum Binden der Sauce
2 Eigelb
1 Teelöffel Senf
1 Esslöffel Ketchup
1 Esslöffel Cognac

1 Den Backofen auf 80 Grad vorheizen. Eine Platte mitwärmen.

2 Die Schalotten schälen und fein hacken.

3 Das Fleisch mit Salz und Pfeffer würzen. In einer Bratpfanne in der heissen Bratbutter von allen Seiten – auch an den Enden – je nach Dicke des Fleischstücks insgesamt 5–6 Minuten anbraten. Sofort auf die vorgewärmte Platte geben und im 80 Grad heissen Ofen 1¾–2 Stunden nachgaren lassen.

4 Im Bratensatz die Schalotten andünsten. Mit Madeira, Weisswein und Essig ablöschen. Die Pfefferkörner beifügen und alles auf knapp 100 ml einkochen lassen. Absieben und beiseitestellen.

5 Die erste Portion Butter in einem kleinen Topf schmelzen. Das Mehl darin andünsten. Kalbsfond oder Bouillon sowie den eingekochten Jus dazugiessen und unter Rühren aufkochen. 100 ml Rahm beifügen und die Sauce unter gelegentlichem Rühren 10 Minuten leise kochen lassen. Beiseitestellen.

6 Den restlichen Rahm (50 ml) steif schlagen und kühl stellen. Estragon oder Petersilie fein hacken.

7 Unmittelbar vor dem Servieren die Ofentemperatur auf 230 Grad erhöhen und das Schweinsnierstück in der aufsteigenden Hitze 6–7 Minuten Temperatur annehmen lassen.

8 Gleichzeitig den Estragon oder die Petersilie zur Sauce geben und diese nochmals aufkochen. Die zweite Portion Butter in Stücken beifügen und einziehen lassen. Die Sauce vom Herd nehmen und ein Eigelb nach dem andern darunterschlagen. Alles mit Senf, Ketchup, Cognac, Salz und Pfeffer abschmecken. Die Sauce unter Rühren nochmals kurz erhitzen, dann den geschlagenen Rahm darunterziehen und sofort vom Herd nehmen.

9 Das Fleisch in dünne Scheiben aufschneiden, anrichten und mit etwas Sauce umgiessen. Den Rest der Sauce separat dazu servieren.

Dazu passt: Rösti, roter Camarguereis, Mandelspätzli (Rezept Seite 182), Schupfnudeln (Rezept Seite 189), Spinatküchlein (Rezept Seite 187)

Zubereitung auch geeignet für:
Pouletbrüstchen: Je nach Grösse auf jeder Seite 1½–2 Minuten anbraten und 45–60 Minuten nachgaren. Fertiggaren: 5 Minuten in aufsteigender Hitze.
Schweinsfilet: Rundum insgesamt 4 Minuten anbraten und 1½–1¾ Stunden nachgaren. Fertiggaren: 5–6 Minuten in aufsteigender Hitze.
Kalbsnierstück: Gleiche Zubereitung wie im Rezept beschrieben.

BUTTERSAUCEN

Alles in Butter

Ohne Butter ist unsere Küche kaum denkbar, und schon gar nicht die Saucenküche. Denn Butter hat nicht nur die fabelhafte Eigenschaft, Saucen zu binden, sondern sie ist auch ein ausgezeichneter Geschmacksträger. Und so eignet sie sich pur als natürliches, unverfälschtes Naturprodukt oder vermischt mit Kräutern, Gewürzen und vielen anderen Zutaten bestens zum Verfeinern und Abrunden von Saucen.

BUTTERMISCHUNGEN

Aromatisierte Butter ist einfach zuzubereiten und bereichert mit ihren vielfältigen Aromen und oft auch ihrer schönen Farbe viele Gerichte. Buttermischungen können anstelle von Saucen zum Beispiel zu gebratenem, grilliertem oder pochiertem Fleisch, Geflügel und Fisch serviert werden, oder man schmeckt mit ihnen gedämpftes oder in Salzwasser gegartes Gemüse ab. Doch auch Saucen können mit ihnen angereichert, verfeinert oder sogar gebunden werden.

Grundrezept Kräuterbutter

1 grosses Bund Kräuter (z.B. Basilikum, Oregano, glattblättrige Petersilie, Kerbel, Thymian, Rosmarin, Estragon, Dill, Majoran, Schnittlauch usw.)
150 g weiche Butter
Salz, schwarzer Pfeffer aus der Mühle
abgeriebene Schale von ½ Zitrone

1 Die gewählten Kräuter fein hacken, Schnittlauch in Röllchen schneiden *(Bild 1)*.

2 Die weiche Butter mit Salz verrühren, bis sich kleine Spitzchen bilden *(Bild 2)*. Kräuter, Pfeffer und Zitronenschale daruntermischen. Auf Alu- oder Frischhaltefolie geben und zu einer Rolle formen *(Bild 3)*. Man kann die Butter auch in einen Spritzsack mit Sterntülle füllen und auf ein Backpapier Rosetten spritzen *(Bild 4)*.

Die Butter hält sich im Kühlschrank 2–3 Wochen, im Tiefkühlfach bzw. Tiefkühler 4–6 Monate.

Weitere Buttermischungen

Zitronenbutter (A)
150 g weiche Butter mit etwas Salz, 1 gehäuften Messerspitze Curry und wenig Cayennepfeffer rühren, bis sich kleine Spitzchen bilden. Die Schale von 1 Zitrone dünn dazureiben. ½ Bund glattblättrige Petersilie fein hacken und mit 2 Esslöffel Zitronensaft kräftig unter die Butter schlagen.

Pfefferbutter (B)
3–4 Schalotten schälen und sehr fein hacken, 1 Bund glattblättrige Petersilie ebenfalls hacken, 2 gehäufte Esslöffel eingelegte grüne Pfefferkörner warm spülen, dann fein hacken. Alle diese Zutaten in 1 Esslöffel Butter kurz dünsten. Auskühlen lassen. 150 g weiche Butter mit etwas Salz verrühren, bis sich kleine Spitzchen bilden. Die Schalotten-Pfeffer-Kräuter-Mischung sowie 1 Teelöffel Tomatenpüree beifügen und sehr gut mischen.

Gorgonzolabutter (C)
150 g weiche Butter mit etwas Salz verrühren, bis sich kleine Spitzchen bilden. 80–100 g Gorgonzola durch ein feines Sieb streichen und daruntermischen. Mit reichlich frisch gemahlenem Pfeffer abschmecken.

Basilikum-Tomaten-Butter (D)
½ Bund Basilikum fein hacken. 30 g in Öl eingelegte Dörrtomaten auf Küchenpapier trockentupfen und ebenfalls hacken. 150 g weiche Butter und etwas Salz verrühren, bis sich kleine Spitzchen bilden. Basilikum, Dörrtomaten und 50 g fein geriebenen Sbrinz oder Parmesan daruntermischen, mit reichlich frisch gemahlenem Pfeffer würzen.

Olivenbutter (E)
80 g entsteinte grüne oder schwarze Oliven (nach Belieben auch gemischt) fein hacken. ½ Bund glattblättrige Petersilie ebenfalls hacken. 100 g weiche Butter mit etwas Salz sowie schwarzem Pfeffer aus der Mühle so lange verrühren, bis sich Spitzchen bilden. 1 Knoblauchzehe dazupressen und die Schale von ½ Zitrone dazureiben. Oliven sowie Petersilie beifügen und alles gut mischen.

Rotweinbutter (F)
300 ml Rotwein, 100 ml roten Portwein und 1 Esslöffel Zucker in einer Pfanne sirupartig auf etwa 4 Esslöffel einkochen lassen. In eine kleine Schüssel giessen. Abkühlen lassen. ½ Bund glattblättrige Petersilie sehr fein hacken. Von 4 Zweigen Thymian die Blättchen abzupfen. Die Kräuter zur Rotweinreduktion geben. 150 g weiche Butter beifügen, alles mit Salz, Pfeffer und 1 Spritzer Worcestershiresauce würzen und sehr gut mischen. Wenn nötig mit wenig Zitronensaft abschmecken.

BEURRE BLANC

Diese klassische weisse Buttersauce wird im Gegensatz zur Hollandaise oder Béarnaise nicht mit Ei gebunden, sondern mit einer Mischung von Rahm und Butter und muss deshalb auch nicht über dem Wasserbad aufgeschlagen werden. Im Original wird die Beurre blanc sogar ausschliesslich mit Butter zubereitet, doch verleiht ihr Rahm eine bessere Stabilität.

Grundrezept Beurre blanc

2 Schalotten
100 ml Weisswein
50 ml Noilly Prat (trockener französischer Wermut)
2 Esslöffel Weissweinessig
150 g Butter
3–4 Esslöffel Doppelrahm oder Crème fraîche
Salz, schwarzer Pfeffer aus der Mühle

1 Die Schalotten fein hacken. Mit Weisswein, Noilly Prat und Essig in einen kleinen Topf geben und bei grosser Hitze auf 50 ml einkochen lassen *(Bild 1)*. Dann alles durch ein feines Sieb giessen, dabei die Schalotten sehr gut ausdrücken, da in ihnen ein Hauptteil des Aromas steckt *(Bild 2)*. Den Sud in den ausgespülten Topf zurückgeben.

2 Die Butter in Würfel schneiden und wieder kühl stellen *(Bild 3)*.

3 Unmittelbar vor dem Servieren den Doppelrahm oder die Crème fraîche zum Sud geben und aufkochen *(Bild 4)*. Unter Rühren mit dem Schwingbesen langsam die Butterwürfel darunterschlagen *(Bild 5)*. Man kann die Butter auch mit dem Stabmixer einarbeiten, das geht besonders schnell und gibt eine gute Bindung. Wichtig: Die Sauce darf nicht mehr sprudelnd kochen, sondern soll nur gerade am Siedepunkt gehalten werden, sonst besteht die Gefahr des Gerinnens. Mit Salz und Pfeffer würzen.

3

4

5

KALBSGESCHNETZELTES MIT TOMATEN-BEURRE-BLANC

Eine meiner liebsten Saucen: Die leichte Säure der im Ofen angerösteten Tomaten harmoniert perfekt mit der Rahm-Butter-Sauce. Wann immer man die Wahl hat zwischen normalen Cherrytomaten und den kleinen, ovalen Datteltomaten, sollte man sich für Letztere entscheiden. Sie sind ganz besonders aromatisch und saftig – für mich eine der besten Tomatensorten, die es gibt.

Für 4 Personen

Tomaten:
300 g Cherry- oder Datteltomaten
Salz, schwarzer Pfeffer aus der Mühle
½ Teelöffel Zucker
etwas Olivenöl zum Beträufeln
Sauce:
1 Schalotte
1 Teelöffel Butter
1 Esslöffel Tomatenpüree
100 ml Noilly Prat (trockener französischer Wermut)
50 ml Weisswein
1 Esslöffel weisser Balsamicoessig
100 ml Kalbsfond oder leichte Hühnerbouillon
Fleisch:
2 Esslöffel Bratbutter
500 g geschnetzeltes Kalbfleisch
Zum Fertigstellen:
50 g Doppelrahm
75 g Butter

1 Den Backofen auf 160 Grad Umluft (175 Grad Unter-/Oberhitze) vorheizen.

2 Die Cherry- oder Datteltomaten halbieren, mit der Schnittfläche nach oben auf ein mit Backpapier belegtes Blech legen, mit Salz, Pfeffer und Zucker würzen und sparsam mit Olivenöl beträufeln. Im 160 bzw. 175 Grad heissen Ofen auf der mittleren Rille mit ganz leicht geöffneter Türe (Kochlöffel dazwischenklemmen), damit die Feuchtigkeit entweichen kann, etwa 50 Minuten rösten.

3 Inzwischen für die Sauce die Schalotte schälen und fein schneiden. In einem kleinen Topf die Butter erhitzen. Die Schalotte darin glasig dünsten. Das Tomatenpüree beifügen und 2 Minuten mitdünsten. Dann Noilly Prat, Weisswein, Essig und Kalbsfond oder Bouillon dazugiessen und alles bei grosser Hitze auf 100 ml einkochen lassen. Durch ein feines Sieb in ein kleines Gefäss giessen, dabei die Schalotten gut auspressen. Die Sauce in den Topf zurückgeben und beiseite- oder kühl stellen.

4 Die Tomaten aus dem Ofen nehmen und auf dem Blech beiseitestellen. Die Backofentemperatur auf 80 Grad reduzieren. Die Ofentüre etwa 5 Minuten offen lassen, damit die Temperatur möglichst rasch absinkt. Eine Platte in den Ofen stellen und mitwärmen.

5 In einer Bratpfanne gut die Hälfte der Bratbutter rauchheiss erhitzen. Das Kalbfleisch mit Salz und Pfeffer kräftig würzen. Die Hälfte des Fleischs in der Pfanne so verteilen, dass jedes Fleischstückchen mit der einen Seite auf dem Pfannenboden liegt. Auf dieser ersten Seite gut 1 Minute ohne Wenden anbraten. Dann das Fleisch mit der Bratenschaufel lösen, wenden und nur noch gerade 30 Sekunden weiter braten. Sofort aus der Pfanne nehmen und auf die vorgewärmte Platte in den 80 Grad heissen Ofen geben. Die zweite Portion Fleisch in der restlichen stark erhitzten Bratbutter auf die gleiche Weise anbraten und in den Ofen geben. Die Cherrytomaten darüber verteilen und alles bei 80 Grad 15–20 Minuten nachgaren lassen.

6 Am Ende der Nachgarzeit die Sauce nochmals aufkochen. Den entstandenen Jus vom Fleisch dazugiessen und die Sauce wenn nötig nochmals 2–3 Minuten kräftig einkochen lassen. Dann den Doppelrahm beifügen, die Butter in Stücken dazugeben und die Sauce mit dem Stabmixer gründlich durchmixen. Mit Salz und Pfeffer würzen. Sofort über das Geschnetzelte geben und servieren.

Dazu passt: Feine Nudeln, Safranrisotto (Rezept Seite 179), Quark-Griess-Gnocchi (Rezept Seite 181), Pistazien-Zitronen-Reis (Rezept Seite 189)

Zubereitung auch geeignet für:
Pouletbrüstchen: Fleisch in Würfel schneiden, in mehreren Portionen je nach Grösse insgesamt 2–3 Minuten anbraten und 30–45 Minuten nachgaren.
Kaninchenfilets: Die Filets je nach Dicke rundum insgesamt 3–4 Minuten anbraten und 20 Minuten nachgaren.
Truthahnschnitzel: Je nach Dicke insgesamt 2–3 Minuten anbraten und 15–20 Minuten nachgaren. Die Sauce über das Fleisch auf der Platte geben.

MARINIERTES SCHWEINSGESCHNETZELTES MIT PFEFFERBUTTERSAUCE

Will man ein besonders zartes Schweinsgeschnetzeltes, wählt man am besten Schweinsfilet, das man in Streifen schneidet. Für dieses Gericht lässt man das Geschnetzelte zuerst in einer Marinade aus Öl, Knoblauch, Thymian, Lorbeer, Pfefferkörnern und Wacholderbeeren ziehen, bevor es mit einer raffinierten Rahmsauce mit Pfefferbutter und Sherry fertiggestellt wird.

Für 4 Personen

75 ml Olivenöl
6–8 Zweige Thymian
2 frische Lorbeerblätter
2 Knoblauchzehen
10 schwarze Pfefferkörner
5 Wacholderbeeren
500–600 g geschnetzeltes Schweinefleisch
Pfefferbuttersauce:
1 Esslöffel Zitronensaft
½ Teelöffel Mehl
60 g weiche Butter
Salz
2 gehäufte Teelöffel eingelegte grüne Pfefferkörner
50 ml trockener Sherry oder weisser Portwein
50 ml Rahm

1 Für die Marinade das Olivenöl in eine kleine Schüssel geben. Die Thymianblättchen von den Zweigen streifen und beifügen. Die Lorbeerblätter mit einer Schere den Rändern entlang einschneiden und ebenfalls zum Öl geben. Die Knoblauchzehen schälen, in feine Scheibchen schneiden und beifügen. Schwarze Pfefferkörner und Wacholderbeeren in einem Mörser oder mit dem Teigroller zerstossen und beigeben. Alles verrühren.

2 Das Fleisch in einen Tiefkühlbeutel geben, mit der Marinade übergiessen, gut mischen, den Beutel satt verschliessen und das Fleisch mindestens ½ Stunde, besser aber länger ziehen lassen.

3 Inzwischen für die Pfefferbuttersauce in einer kleinen Schüssel den Zitronensaft und das Mehl mischen. Die weiche Butter sowie etwas Salz beifügen. Die Pfefferkörner in einem Sieb warm abspülen, dann im Mörser oder mit dem Teigroller grob zerdrücken. Zur Butter geben und alles gut mischen. Bis zur Verwendung kühl stellen.

4 Den Backofen auf 80 Grad vorheizen und eine Platte mitwärmen.

5 Eine Bratpfanne leer kräftig erhitzen. Das Fleisch aus der Marinade nehmen, gut abtropfen lassen, salzen und in 2 Portionen ohne weitere Fettzugabe auf der ersten Seite gut 1 Minute, auf der zweiten Seite nur noch etwa 45 Sekunden scharf anbraten. Sofort auf die vorgewärmte Platte geben und im 80 Grad heissen Ofen etwa 20 Minuten nachgaren lassen.

6 Den Bratensatz mit Sherry oder Portwein ablöschen und diesen leicht einkochen lassen. Durch ein feines Sieb in einen Topf giessen. Beiseitestellen.

7 Unmittelbar vor dem Servieren den Bratenjus nochmals aufkochen. Den Rahm und die Pfefferbutter beifügen und in die Sauce einziehen lassen. Nach Belieben die Sauce mit dem Stabmixer kurz aufschäumen; dadurch wird sie schön homogen. Wenn nötig nachwürzen. Über das Geschnetzelte verteilen und sofort servieren.

Dazu passt: Basmatireis, Orientalischer Gemüsepilaw (Rezept Seite 181), Kürbis-Knoblauch-Püree (Rezept Seite 184), Erbsotto (Rezept Seite 191), Rosmarinkartoffeln (Rezept Seite 192)

Zubereitung auch geeignet für:
Pouletbrüstchen: In Würfel schneiden. Je nach Grösse insgesamt 2–3 Minuten anbraten und 30–45 Minuten nachgaren.
Rindshuft oder Rindsfilet: In fingerdicke Streifen schneiden. Auf der ersten Seite 1 Minute kräftig, auf der zweiten Seite nur noch 15–20 Sekunden anbraten; das Fleisch soll innen noch roh sein. Dann nach Rezept weiterfahren.
Lamm: Fingerdicke Streifen aus Lammrückenfilet oder Gigot (Keule) schneiden. Auf der ersten Seite sehr heiss 1½ Minuten und je nach gewünschter Garstufe auf der zweiten Seite etwas länger braten. Nach Rezept weiterfahren.
Entenbrust: Die Fetthaut entfernen, die Brust in fingerdicke Streifen schneiden. Je nach Dicke und gewünschter Garstufe insgesamt 2–2½ Minuten anbraten. Nach Rezept weiterfahren.

LAMMFILETS MIT PEPERONIBUTTERSAUCE

Die gut daumendicken, jeweils 40 bis 50 Gramm schweren Mini-Lammfilets sind die eigentlichen Filets des Lamms, im Gegensatz zum sogenannten Lammrückenfilet, das dem Nierstück entspricht. In diesem Rezept werden sie mit Rosmarin, Knoblauch und Olivenöl mariniert und in dieser Marinade auch gebraten. Es lohnt sich übrigens, von der Paprikabutter, mit der die Sauce aromatisiert wird, gleich eine grössere Menge zuzubereiten, da sie sehr gut zu Grilladen aller Art passt.

Für 4 Personen

8 Lammfilets (siehe oben)
Pfeffer aus der Mühle
2–3 Zweige Rosmarin
4 Knoblauchzehen
4 Esslöffel Olivenöl
Salz
Paprikabutter:
80 g rote Peperoni (Paprika), gerüstet gewogen, nach Belieben geschält
2–3 Zweige Thymian
175 g Butter
100 ml Noilly Prat (trockener französischer Wermut) oder Weisswein
Salz, Pfeffer aus der Mühle
Zum Fertigstellen:
100 ml Noilly Prat
3–4 Esslöffel Rahm

1 Die Lammfilets auf einen Teller legen und mit Pfeffer würzen. Die Rosmarinzweige in kleine Büschelchen zupfen und über die Lammfilets geben. Die Knoblauchzehen schälen und mit der Breitseite einer grossen Messerklinge leicht zerdrücken. Zum Fleisch geben. Alles mit Olivenöl beträufeln. Beiseitestellen.

2 Die Peperoni klein würfeln. Mit den Thymianzweigen in 25 g Butter 4–5 Minuten dünsten. Dann Noilly Prat oder Weisswein dazugiessen und vollständig einkochen lassen. Mit Salz und Pfeffer würzen. In einen hohen Becher geben und mit dem Stabmixer nach Belieben gröber oder feiner pürieren. Auskühlen lassen.

3 In einer Schüssel die restliche weiche Butter (150 g) mit wenig Salz verrühren, bis sich Spitzchen bilden. Das Peperonipüree daruntermischen. Mit Salz und Pfeffer abschmecken und beiseitestellen. Für die Sauce werden etwa 100 g Peperonibutter gebraucht.

4 Den Backofen auf 80 Grad vorheizen und eine Platte mitwärmen.

5 Eine Bratpfanne leer erhitzen. Die Lammfilets salzen, mitsamt Marinadeöl, Rosmarin und Knoblauch in die Pfanne geben und rundum je nach Dicke der Filets und gewünschter Garstufe insgesamt 1½–2 Minuten kräftig anbraten. Sofort auf die vorgewärmte Platte geben und im 80 Grad heissen Ofen 20–30 Minuten nachgaren lassen.

6 Den Bratensatz mit Noilly Prat auflösen und diesen auf 50 ml einkochen lassen. Durch ein feines Sieb in einen kleinen Topf umgiessen.

7 Unmittelbar vor dem Servieren den Bratenjus nochmals aufkochen. Den Rahm und die Peperonibutter (100 g) beifügen und in die Sauce einziehen lassen. Nach Belieben die Sauce mit dem Stabmixer kurz aufschäumen; dadurch wird sie schön homogen. Mit Salz und Pfeffer abschmecken und über die Lammfilets verteilen.

Dazu passt: Wildreismischung, in Olivenöl gebratene kleine Schalenkartoffeln, Orientalischer Gemüsepilaw (Rezept Seite 181), Cherrytomaten-Basilikum-Bulgur (Rezept Seite 185), Polentacreme (Rezept Seite 185), Rosmarinkartoffeln (Rezept Seite 192)

Zubereitung auch geeignet für:
Kalbsmedaillons: Je nach Dicke insgesamt 2–3 Minuten braten und etwa 45 Minuten nachgaren. Fertiggaren: 4–5 Minuten in aufsteigender Hitze (siehe Seite 9).
Schweinsfiletmedaillons: Gleiche Zubereitungsart wie Kalbsmedaillons.
Pouletbrüstchen: Je nach Grösse insgesamt 3–4 Minuten anbraten und 45–60 Minuten nachgaren. Fertiggaren: 5 Minuten in aufsteigender Hitze (siehe auch Seite 9).
Entrecôte double: Das Fleisch (pro Stück 300–400 g) je nach Dicke und gewünschter Garstufe rundum, auch kurz an den Enden, insgesamt 2½–3 Minuten kräftig anbraten, dann 1 Stunde (blutig) bis 1½ Stunden (rosa) nachgaren. Fertiggaren: 5 Minuten in aufsteigender Hitze (siehe auch Seite 9).

KALBSRÖLLCHENSPIESSE MIT BASILIKUMBUTTER

Die Füllung dieser Fleischröllchen besteht aus Schinken, Olivenpaste und Basilikum. Hat man keine Olivenpaste im Vorrat, kann man sie problemlos selbst zubereiten: 100 g grüne Oliven entsteinen, in Streifen schneiden, mit 1 Esslöffel Kapern und 3–4 Esslöffeln Olivenöl in einen hohen Becher geben, nach Belieben 1 Knoblauchzehe dazupressen und alles mit dem Stabmixer fein pürieren. Reste der Paste können in einem kleinen Gläschen mit etwas Olivenöl bedeckt etwa 2 Wochen im Kühlschrank aufbewahrt werden.

Für 4 Personen

Spiesse:
12 dünne Kalbsschnitzel, je ca. 40 g schwer
12 Teelöffel grüne Olivenpaste (ca. 60 g)
100 g hauchdünn geschnittene Schinkenscheiben oder 12 Scheiben Ofenschinken
1 Bund Basilikum
Basilikumbutter:
60 g weiche Butter
Salz
1 Bund Basilikum
1 Teelöffel eingelegte rote Pfefferkörner
2 Esslöffel Olivenöl
schwarzer Pfeffer aus der Mühle
100 ml Noilly Prat oder halb Weisswein, halb trockener Sherry
50 ml Rahm

1 Die Kalbsschnitzel mit dem Teigroller oder Fleischklopfer unter Klarsichtfolie etwas dünner klopfen. Dann jedes Schnitzel mit 1 Teelöffel Olivenpaste, 1 Stück Schinken und 2 Basilikumblättern belegen und satt aufrollen. Je 3 Kalbsröllchen auf einen nicht zu langen Holz- oder Metallspiess stecken.

2 In einer kleinen Schüssel die weiche Butter mit etwas Salz so lange verrühren, bis sich kleine Spitzchen bilden. Das Basilikum fein hacken. Die Pfefferkörner in einem Sieb kurz unter warmem Wasser spülen, dann zerdrücken oder hacken. Zur Butter geben und alles gut mischen.

3 Den Backofen auf 80 Grad vorheizen und eine Platte mitwärmen.

4 In einer Bratpfanne das Olivenöl erhitzen. Die Spiesse mit Salz und Pfeffer würzen und zuerst ganz kurz bei grosser, dann bei mittlerer Hitze je nach Dicke insgesamt 4–5 Minuten braten. Auf die vorgewärmte Platte geben und im 80 Grad heissen Ofen 20–30 Minuten nachgaren lassen.

5 Den Bratensatz mit Noilly Prat oder Weisswein-Sherry-Mischung ablöschen und bei grosser Hitze gut zur Hälfte einkochen lassen. Durch ein feines Sieb in einen kleinen Topf umgiessen. Beiseitestellen.

6 Unmittelbar vor dem Servieren den Bratenjus nochmals aufkochen. Den Rahm und die Basilikumbutter beifügen und in die Sauce einziehen lassen. Nach Belieben die Sauce mit dem Stabmixer kurz aufschäumen; dadurch wird sie schön homogen. Mit Salz und Pfeffer abschmecken und über die Kalbsröllchenspiesse geben.

Dazu passt: Basmatireis, in Olivenöl gebratene kleine Schalenkartoffeln, feine Nudeln, Safranrisotto (Rezept Seite 179), Gemüse-Couscous (Rezept Seite 180)

Zubereitung auch geeignet für:
Pouletbrüstchen: Waagrecht halbieren, sodass je 2 Schnitzel entstehen und diese dünn klopfen. Die Röllchen je nach Dicke 5–6 Minuten braten und etwa 30 Minuten nachgaren.
Truthahnschnitzel: Schnitzel dünn klopfen. Die Röllchen je nach Dicke 4–5 Minuten braten und etwa 30 Minuten nachgaren.
Schweinsfilet: Das Filet in etwa 1 cm dicke Scheiben schneiden, dünn klopfen. Je nach Dicke insgesamt 3–3½ Minuten braten und 20–30 Minuten nachgaren.

ÜBERBACKENE POULETBRÜSTCHEN MIT SENFBUTTERSAUCE

Senf und Dill ergänzen sich geschmacklich ausgezeichnet, doch das eigenwillige, leicht nach Anis schmeckende Küchenkraut mögen nicht alle Leute. Man kann es in diesem Rezept durch Kerbel oder Estragon oder – etwas weniger charaktervoll im Aroma – durch glattblättrige Petersilie und/oder Schnittlauch ersetzen.

Für 4 Personen

4 Pouletbrüstchen
Salz, schwarzer Pfeffer aus der Mühle
1 Esslöffel Bratbutter
Senfbuttersauce:
100 ml Gemüsebouillon
1 Briefchen Safranpulver
3–4 Zweige Dill
60 g Butter
1 gestrichener Esslöffel Mehl
100 ml Rahm
1 Esslöffel milder Senf
1 Esslöffel grobkörniger Senf
2 Eigelb
50 ml Rahm
nach Belieben etwas Dill zum Garnieren

1 Den Backofen auf 80 Grad vorheizen und eine Platte mitwärmen.

2 Die Pouletbrüstchen mit Salz und Pfeffer würzen. In einer Bratpfanne die Bratbutter erhitzen und die Pouletbrüstchen darin je nach Grösse auf jeder Seite 1–1½ anbraten. Sofort auf die vorgewärmte Platte geben und im 80 Grad heissen Ofen 45 Minuten nachgaren lassen.

3 Die Bouillon erwärmen und mit dem Safran verrühren. Den Dill fein hacken.

4 In einem kleinen Topf 20 g der Butter schmelzen. Das Mehl beifügen und unter Rühren 1 Minute dünsten. Die Safranbouillon sowie die erste Portion Rahm (100 ml) unter Rühren dazugiessen, die Sauce aufkochen und auf kleiner Hitze etwa 5 Minuten kochen lassen. Dann die beiden Senfsorten sowie die restliche Butter (40 g) beifügen und unter die Sauce rühren. Noch einmal aufkochen. Vom Herd nehmen.

5 Die Eigelbe mit der zweiten Portion Rahm (50 ml) verquirlen. Sofort unter die noch heisse Sauce rühren. Mit Salz und Pfeffer würzen. Beiseitestellen.

6 Unmittelbar vor dem Servieren die Ofentemperatur auf 230 Grad erhöhen. Die Sauce über die Pouletbrüstchen giessen und diese im oberen Drittel des Ofens in der aufsteigenden Hitze 7–8 Minuten überbacken. Nach Belieben das Gericht mit Dill garnieren und sofort servieren.

Dazu passt: Wildreismischung, Salzkartoffeln, Nudeln, Karamellisierter Chicorée (Rezept Seite 179), Spinatküchlein (Rezept Seite 187)

Zubereitung auch geeignet für:
Schweinsfilet: Das Filet in gut 3 cm dicke Medaillons schneiden. Auf der ersten Seite sehr heiss 1 Minute, auf der zweiten Seite nur noch 30–45 Sekunden anbraten, dann 45 Minuten nachgaren. Fertiggaren: 6–7 Minuten in der aufsteigenden Hitze im oberen Drittel des Ofens.

RINDSMEDAILLON MIT SENF-ESTRAGON-KRUSTE

Senf und Estragon sind ein Paar, das geschmacklich hervorragend harmoniert. Und so gehört zu den traditionellen alten Senfsorten auch der Estragonsenf, den es in Grün und Gelb gibt. Basis ist oft Dijonsenf, der mit Estragon aromatisiert und mit Farbstoff hellgrün eingefärbt wird. In Österreich ist er die beliebteste Senfsorte überhaupt, allerdings ungefärbt, also gelb. Weil längst nicht alle Leute Estragon mögen, kann man ihn in diesem Rezept, wo er frisch verwendet wird, durch Basilikum oder Kerbel ersetzen.

Für 4 Personen

80 g weiche Butter
Salz
1 Esslöffel grobkörniger Senf oder Estragonsenf
1 Bund Estragon
4–5 Esslöffel Paniermehl
4 Rindsmedaillons, je 4 cm dick aus Filet oder Huft geschnitten
Salz, Pfeffer aus der Mühle
½ Esslöffel Bratbutter
50 ml Cognac
100 ml Weisswein
150 ml Rahm

1 Den Backofen auf 80 Grad vorheizen und eine Platte mitwärmen.

2 Die weiche Butter mit Salz und Senf gründlich verrühren. Die Estragonblätter fein hacken. Die Hälfte davon für die Sauce beiseitestellen. Den restlichen Estragon mit dem Paniermehl zur Buttermischung geben.

3 Die Rindsmedaillons beidseitig mit Salz und Pfeffer würzen. In der sehr heissen Bratbutter insgesamt 2½ Minuten kräftig anbraten, auch an den Seitenrändern. Auf die vorgewärmte Platte geben und im 80 Grad heissen Ofen 45 Minuten nachgaren lassen.

4 Inzwischen den Bratensatz mit dem Cognac ablöschen und durch ein Sieb in einen kleinen Topf giessen. Den Weisswein beifügen und alles auf 50 ml einkochen. Dann den Rahm und den beiseitegestellten Estragon beifügen und die Sauce noch so lange kochen lassen, bis sie leicht bindet. Mit Salz und Pfeffer abschmecken. Beiseitestellen.

5 Unmittelbar vor dem Servieren die Rindsmedaillons aus dem Ofen nehmen. Die Ofentemperatur auf 230 Grad erhöhen. Die vorbereitete Buttermasse dick auf den Medaillons ausstreichen. Sofort im oberen Drittel des Ofens einschieben und etwa 5 Minuten überbacken, bis die Kruste ganz leicht bräunliche Flecken aufweist.

6 Gleichzeitig die Estragonsauce nochmals erhitzen. Die Rindsmedaillons auf Tellern anrichten und mit Sauce umgiessen. Sofort servieren.

Dazu passt: In Bratbutter gebratene kleine Schalenkartoffeln, Safranrisotto (Rezept Seite 179), Pistazien-Zitronen-Reis (Rezept Seite 189), Kartoffeln nach Risottoart (Rezept Seite 190)

Zubereitung auch geeignet für:
Schweinsfilet: In 4 cm dicke Medaillons schneiden, mit der Hand leicht flach drücken. Auf der ersten Seite sehr heiss 1 Minute, auf der zweiten Seite nur gerade noch 45 Sekunden anbraten, dann 45 Minuten nachgaren. Fertiggaren: Im oberen Drittel des Ofens 6 Minuten in aufsteigender Hitze ganz leicht überbacken.

LAMMRACK MIT ZUCCHETTI-KRÄUTER-KRUSTE

Für die Herbst- oder Winter-Variante dieses Rezepts anstelle von Zucchetti 100 g gerüsteten Kürbis – möglichst eine festfleischige Sorte – verwenden. Wer eine Sauce zu diesen Lammracks wünscht, wählt zum Beispiel einen Marsalajus (Rezept Seite 67) oder einen Peperoni-Sabayon (Rezept Seite 102).

Für 4 Personen

1 kleine Zucchetti (ca. 100 g)
4–6 Zweige Thymian
1 Esslöffel Olivenöl
½ Bund glattblättrige Petersilie
80 g weiche Butter
1 Knoblauchzehe
60 g Paniermehl
Salz, schwarzer Pfeffer aus der Mühle
2 Lammracks
3–4 Esslöffel Olivenöl zum Anbraten des Fleischs

1 Die Zucchetti ungeschält an der Käseraffel fein reiben. Die Thymianblättchen von den Zweigen zupfen. Beides in einer beschichteten Bratpfanne in 1 Esslöffel Olivenöl kräftig anbraten; dabei soll der entstehende Saft vollständig verdampfen. Aus der Pfanne nehmen und abkühlen lassen.

2 Inzwischen die Petersilie fein hacken.

3 In einer Schüssel die Butter rühren, bis sich Spitzchen bilden. Den Knoblauch dazupressen. Petersilie, Zucchetti und Paniermehl beifügen, alles kräftig mit Salz und Pfeffer würzen und zu einer homogenen Paste mischen.

4 Den Backofen auf 80 Grad vorheizen und eine Platte mitwärmen.

5 Die Lammracks beidseitig mit Salz und Pfeffer würzen. In einer Bratpfanne das Olivenöl rauchheiss erhitzen. Die Lammracks darin insgesamt 2½ Minuten anbraten; sie müssen innen noch roh sein (lassen Sie sich nicht durch die Farbe der Knochen irritieren, diese garen später beim Überbacken vollständig nach). Die Lammracks auf die vorgewärmte Platte geben und im Ofen bei 80 Grad 1 Stunde nachgaren lassen.

6 Unmittelbar vor dem Servieren die Ofentemperatur auf 230 Grad erhöhen. Die Lammracks herausnehmen, die Zucchettibutter darauf verteilen und gut andrücken. Das Fleisch sofort im oberen Drittel des Ofens einschieben und 7–8 Minuten überbacken. Dann sofort in Scheiben schneiden und auf vorgewärmten Tellern anrichten.

Dazu passt: Safranrisotto (Rezept Seite 179), Kürbis-Knoblauch-Püree (Rezept Seite 184), Polentacreme (Rezept Seite 185), Kartoffeln nach Risottoart (Rezept Seite 190)

Zubereitung auch geeignet für:
Kalbskoteletts: 3–4 Minuten anbraten und 45–60 Minuten nachgaren. Fertiggaren: 7–8 Minuten im oberen Drittel des Ofens in aufsteigender Hitze ganz leicht überbacken.
Schweinskoteletts: Zubereitung wie Kalbskoteletts.

RINDSFILET MIT SCHNITTLAUCH-BEURRE-BLANC

Schnittlauch, der kleinste Angehörige der Zwiebelfamilie, hat auch von allen seinen Verwandten das zarteste Aroma. Aus diesem Grund sollte er nie lange mitgekocht werden. Auch wenn Schnittlauch klein geschnitten an der Luft steht, verflüchtigt sich sein Aroma rasch und er schmeckt dann gerne bitter. Deshalb gilt für dieses Rezept: Die Schnittlauch-Beurre-blanc kann zwar sehr gut vorbereitet werden, doch sollte sie nach dem Fertigstellen nicht mehr allzu lange auf der Herdplatte warm gehalten werden.

Für 6 Personen

Sauce:
50 g Knollensellerie
1 kleine Schalotte
1 kleine Knoblauchzehe
50 ml weisser Portwein oder halb Weisswein, halb trockener Sherry
150 ml Gemüsebouillon
1 Bund Schnittlauch
Fleisch:
1 Esslöffel Bratbutter
600–800 g Rindsfilet
Salz, schwarzer Pfeffer aus der Mühle
Zum Fertigstellen:
50 ml Doppelrahm
100 g Butter
1 Esslöffel weisser Portwein
½ Bund Schnittlauch

1 Sellerie, Schalotte und Knoblauch schälen und klein würfeln. Alles mit dem Portwein oder der Weisswein-Sherry-Mischung und der Gemüsebouillon in einen kleinen Topf geben und zugedeckt etwa 15 Minuten kochen lassen, bis der Sellerie sehr weich ist. Dann in ein hohes Gefäss umgiessen und etwa 15 Minuten abkühlen lassen.

2 Den Schnittlauch in Röllchen schneiden und zum abgekühlten Selleriefond geben. Alles mit dem Stabmixer sehr fein pürieren (etwa 5 Minuten). Dann die Sauce durch ein nicht allzu feines Sieb in einen kleinen Topf giessen. Beiseitestellen.

3 Den Ofen auf 80 Grad vorheizen. Eine Platte mitwärmen.

4 In einer Bratpfanne die Bratbutter erhitzen. Das Rindsfilet mit Salz und Pfeffer würzen. Rundum je nach Dicke und gewünschter Garstufe 4–6 Minuten kräftig anbraten. Dann sofort auf die vorgewärmte Platte geben und im 80 Grad heissen Ofen 1½ Stunden nachgaren lassen.

5 Unmittelbar vor dem Servieren die Ofentemperatur auf 230 Grad erhöhen und das Rindsfilet in der aufsteigenden Hitze 5–6 Minuten Temperatur annehmen lassen.

6 Gleichzeitig den Doppelrahm zur Sauce geben und diese aufkochen. Die Butter in Stücken sowie den Portwein dazugeben und die Sauce mit dem Stabmixer gründlich durchmixen. Mit Salz und Pfeffer abschmecken. Zuletzt den Schnittlauch mit der Schere fein dazuschneiden.

7 Das Rindsfilet in Scheiben aufschneiden, auf vorgewärmten Tellern anrichten und mit der Sauce umgiessen. Sofort servieren.

Dazu passt: In Bratbutter gebratene kleine Schalenkartoffeln, Wildreismischung, feine Nudeln, Gestürzter Spinat-Tomaten-Risotto (Rezept Seite 183)

Zubereitung auch geeignet für:
Kalbsfilet: Je nach Dicke rundum 4–5 Minuten anbraten und 1¾–2 Stunden nachgaren. Fertiggaren: 6–7 Minuten in aufsteigender Hitze.
Schweinsfilet: Rundum insgesamt 4 Minuten anbraten und 1½–1¾ Stunden nachgaren. Fertiggaren: 5–6 Minuten in aufsteigender Hitze.
Pouletbrüstchen: Je nach Grösse auf jeder Seite 1½–2 Minuten anbraten und 45–60 Minuten nachgaren. Fertiggaren: 6 Minuten in aufsteigender Hitze.
Kalbs- oder Schweinsnierstück: Das Fleisch mit heisser Bratbutter beträufeln und im Ofen bei 230 Grad 8 Minuten anbraten. Dann die Temperatur auf 80 Grad reduzieren; die Ofentür etwa 8 Minuten offen lassen, damit die Temperatur rasch absinkt. Bei 80 Grad weitere 1½–1¾ Stunden nachgaren. Fertiggaren: 6–7 Minuten in aufsteigender Hitze.

MARINIERTE TRUTHAHNBRUST MIT SALBEIBUTTER

Truthahn steht im Ruf, trockenes und faseriges Fleisch zu haben. Wie gut ihm das Niedertemperaturgaren bekommt, also das ganz langsame Garziehen, zeigt dieses Rezept. Anstelle von Salbeibutter kann man auch eine Rosmarinbutter dazu servieren. In diesem Fall werden auch die Salbeiblätter in der Marinade durch Rosmarin ersetzt.

Für 5–6 Personen

8 Salbeiblätter
½ Esslöffel dreifarbige Pfefferkörner
1 Esslöffel grobkörniger Senf
2 Teelöffel Honig
1 Esslöffel Cognac
2 Esslöffel Olivenöl
1 Truthahnbrust, ca. 1 kg schwer
Salz
Olivenöl zum Anbraten
Salbeibutter:
1 Schalotte
8 Salbeiblätter
1 Esslöffel eingelegter rosa Pfeffer
80 g Butter
1 Esslöffel Cognac
Salz, schwarzer Pfeffer aus der Mühle

1 Für das Fleisch die Salbeiblätter fein hacken. Die Pfefferkörner im Mörser mittelfein zerstossen. Beides mit Senf, Honig, Cognac und Olivenöl zu einer Marinade rühren. Die Truthahnbrust rundum damit bestreichen und mindestens 1 Stunde bei Zimmertemperatur marinieren lassen.

2 Den Backofen auf 80 Grad vorheizen und eine Platte mitwärmen.

3 Die Marinade vom Fleisch streifen und beiseitestellen. Die Truthahnbrust salzen.

4 In einer Bratpfanne etwas Olivenöl kräftig erhitzen. Die Truthahnbrust hineinlegen, nach ½ Minute die Hitze um ein Drittel reduzieren. Das Fleisch rundum insgesamt 6–8 Minuten anbraten. Wieder mit Marinade bestreichen, sofort auf die vorgewärmte Platte geben und im Ofen bei 80 Grad 1¾–2 Stunden nachgaren lassen.

5 Für die Salbeibutter die Schalotte schälen und fein hacken. Die Salbeiblätter fein hacken. Die Pfefferkörner warm abspülen, dann im Mörser grob zerstossen.

6 In einem kleinen Topf 2 Esslöffel Butter erwärmen. Schalotte, Salbei und Pfeffer darin 2 Minuten dünsten. Abkühlen lassen.

7 In einer kleinen Schüssel die restliche weiche Butter gut verrühren. Den Cognac und die Salbei-Schalotten-Mischung darunterrühren. Mit Salz und Pfeffer abschmecken.

8 Unmittelbar vor dem Servieren die Ofentemperatur auf 230 Grad erhöhen und das Fleisch in aufsteigender Hitze 8 Minuten Temperatur annehmen lassen.

9 Inzwischen die Salbeibutter in einem kleinen Topf aufschäumen lassen.

10 Das Fleisch in Scheiben aufschneiden, anrichten und mit Salbeibutter beträufeln.

Dazu passt: Safranrisotto (Rezept Seite 179), Gemüse-Couscous (Rezept Seite 180), Orientalischer Gemüsepilaw (Rezept Seite 181), Kürbis-Knoblauch-Püree (Rezept Seite 184), Karottenpüree mit grünem Pfeffer (Rezept Seite 190)

Zubereitung auch geeignet für:
Pouletbrüstchen: Je nach Grösse auf jeder Seite 1½–2 Minuten anbraten und 45–60 Minuten nachgaren. Fertiggaren: 6 Minuten in aufsteigender Hitze.
Kalbsfilet: Je nach Dicke rundum 4–5 Minuten anbraten und 1¾–2 Stunden nachgaren. Fertiggaren: 6–7 Minuten in aufsteigender Hitze.
Schweinsfilet: Rundum insgesamt 4 Minuten anbraten und 1½–1¾ Stunden nachgaren. Fertiggaren: 5–6 Minuten in aufsteigender Hitze.
Runde Kalbsnuss (600–700 g): Mit Bratbutter beträufeln und im 230 Grad heissen Ofen je nach Grösse 8–10 Minuten anbraten. Dann die Temperatur auf 80 Grad reduzieren; die Ofentüre etwa 8 Minuten offen lassen, damit die Temperatur rasch absinkt. Bei 80 Grad weitere etwa 2 Stunden nachgaren. Fertiggaren: 8 Minuten in aufsteigender Hitze.
Kalbs- oder Schweinsnierstück: Im 230 Grad heissen Ofen 8 Minuten anbraten. Dann die Temperatur auf 80 Grad reduzieren; die Ofentüre etwa 5 Minuten offen lassen, damit die Temperatur rasch absinkt. Bei 80 Grad weitere 1½–1¾ Stunden nachgaren. Fertiggaren: 6–7 Minuten in aufsteigender Hitze.

SAUCEN MIT GEMÜSE

Gemüse und Fleisch – ein ideales Paar

Buntes Gemüse verleiht vielen Fleischgerichten nicht nur geschmackliche Leichtigkeit, sondern rückt sie auch optisch ins beste Licht. Ob das Gemüse dabei in Stückchen oder püriert daherkommt, macht den unterschiedlichen Reiz dieser Begleiter feiner Fleischstücke aus.

SAUCEN AUF GEMÜSEBASIS

Das Vorgehen ist einfach: Gemüse wird nach dem Andünsten mit Flüssigkeit wie Wein, Bouillon, Fond usw. sehr weich gegart, dann püriert, durch ein Sieb gestrichen, noch einmal aufgekocht, wenn nötig verdünnt und nach Belieben mit Rahm oder einem Stück Butter verfeinert.

Grundrezept Gemüsesauce

Für 4 Personen

Ca. 250 g Gemüse (z.B. Karotten, grüne Spargeln, Knollensellerie, Tomaten, Lauch, Spinat, Petersilie)
2 Esslöffel Butter
¼ l Flüssigkeit (z.B. ⅓ Weisswein, Noilly Prat, Prosecco usw. und ⅔ leichte Gemüsebouillon oder Gemüsefond)
Gewürze nach Belieben und zum entsprechenden Gemüse passend (z.B. Kräuter, frischer Ingwer, Senfpulver, Knoblauch usw.)
200 ml Rahm oder 80 g Butter

1 Das Gemüse *(Bild 1)* rüsten, waschen und in kleine Stücke schneiden. Spinat und Petersilie müssen 1 Minute blanchiert werden, bevor man sie weiterverwendet.

2 In einem Topf die Butter schmelzen. Das Gemüse darin – nach Belieben mit gehackten Zwiebeln, Schalotten und/oder Knoblauch – 3–4 Minuten dünsten *(Bild 2)*. Dann die Flüssigkeit beifügen *(Bild 3)*, das Gemüse würzen und zugedeckt sehr weich kochen.

3 Das Gemüse mitsamt Garflüssigkeit im Mixer oder mit dem Stabmixer gründlich und sehr fein pürieren; dies dauert etwa 5 Minuten *(Bild 4)*. Anschliessend nach Belieben durch ein Sieb in einen kleinen Topf streichen *(Bild 5)*, wenn nötig verdünnen und aufkochen. Wird Rahm verwendet, die Sauce noch so lange kochen lassen, bis sie schön sämig bindet *(Bild 6)*. Die Butter gibt man stückchenweise in die Sauce und lässt sie einziehen. Nach Belieben die Sauce mit dem Stabmixer kurz aufschäumen; dadurch wird sie schön homogen. Mit Gewürzen abschmecken.

TRUTHAHNSCHNITZEL MIT LAUCH-CURRY-SAUCE

Curry gibt es heute auch bei uns in den unterschiedlichsten Sorten. Je nach Herkunft ist er mild bis ausgesprochen scharf. Für diese feine Lauchsauce sollte man keine Experimente machen, denn letztlich möchte man als Endprodukt nicht eine Currysauce haben, sondern eine Sauce, in welcher der Lauch die geschmacklich wichtigste Zutat bleibt.

Für 4 Personen

200 g Lauch, gerüstet gewogen
8–12 Truthahnschnitzel, je nach Grösse
Salz, schwarzer Pfeffer aus der Mühle
1–2 Esslöffel Bratbutter
50 ml Weisswein
25 g Butter
½ Teelöffel mildes Currypulver
200 ml Gemüsebouillon
150 ml Doppelrahm
1 Teelöffel Senfpulver

1 Den Backofen auf 80 Grad vorheizen und eine Platte mitwärmen.

2 Den Lauch waschen und in feine Ringe schneiden.

3 Die Truthahnschnitzel mit Salz und Pfeffer würzen. In einer Bratpfanne die Hälfte der Bratbutter rauchheiss erhitzen. Die Schnitzel in 2 Portionen bei grosser Hitze jeweils auf der ersten Seite 1 Minute anbraten, wenden und auf der zweiten Seite je nach Dicke 1–1½ Minuten weiterbraten. Dann die Schnitzelchen auf die vorgewärmte Platte geben und bei 80 Grad etwa 20 Minuten nachgaren lassen.

4 Den Bratensatz mit dem Weisswein auflösen und durch ein feines Sieb in ein kleines Gefäss umgiessen.

5 In einem Topf die Butter erhitzen. Den Lauch darin unter Wenden andünsten, bis er zusammengefallen ist. Das Currypulver darüberstäuben und kurz mitrösten, bis es gut riecht. Dann Bouillon und Bratenjus beifügen und alles zugedeckt 10 Minuten kochen lassen.

6 Nun den Doppelrahm und das Senfpulver beifügen und die Sauce nochmals 5 Minuten kochen lassen.

7 Die Lauchsauce im Mixer oder mit dem Stabmixer so fein wie möglich pürieren. Nach Belieben durch ein Sieb giessen. Wenn nötig die Sauce mit etwas Wasser verdünnen und mit Salz sowie Pfeffer abschmecken.

8 Die Truthahnschnitzel auf vorgewärmten Tellern anrichten und mit Lauchsauce um- und übergiessen. Den Rest der Sauce separat dazu servieren.

Dazu passt: Salzkartoffeln, Wildreismischung, Pistazien-Zitronen-Reis (Rezept Seite 189), Rosmarinkartoffeln (Rezept Seite 192)

Zubereitung auch geeignet für:
Kalbsschnitzel: Auf der ersten Seite je nach Dicke 1–1½ Minuten, auf der zweiten Seite nur noch 30–45 Sekunden anbraten und 20–30 Minuten nachgaren.
Pouletbrüstchen: Je nach Grösse auf jeder Seite 1½–2 Minuten anbraten und 45–60 Minuten nachgaren. Fertiggaren: 5 Minuten in aufsteigender Hitze.
Kaninchenfilets: Je nach Dicke 3–4 Minuten anbraten und 20–30 Minuten nachgaren.

KALBSSCHNITZEL MIT GURKENSAUCE

Salatgurke eignet sich nicht nur zum Rohessen, sondern ergibt gedünstet ein zartes Gemüse und eine ebenso feine Sauce. Besonders gut geeignet zum Kochen sind die dickeren, etwa 20 cm langen, dunkelgrünen Nostranogurken. Zum Kochen ist das Schälen der Gurken unerlässlich, da die Schale durch die Hitze zäh wird. Es lohnt sich auch, die Kerne mitsamt dem nassen, fast durchsichtigen Fleisch herauszukratzen, da dieser Teil sonst beim Kochen das Gericht verwässert. Bei Freilandgurken empfiehlt es sich zudem, eine Geschmacksprobe zu machen, da diese manchmal bitter schmecken. Deshalb vor dem Schälen am Stielansatz ein Stück abschneiden und probieren. Aus dem gleichen Grund Freilandgurken immer nur in der Richtung vom Blüten- zum Stielansatz hin schälen; so können sich Bitterstoffe nicht über die ganze Gurke verteilen.

Für 4 Personen

8–12 kleine Kalbsschnitzel
Salz, schwarzer Pfeffer aus der Mühle
1 gehäufter Esslöffel Bratbutter
100 ml Noilly Prat (trockener französischer Wermut)
1 grosse Salatgurke oder 2 kleine Nostranogurken
1 Schalotte
1 Knoblauchzehe
1 Bund Dill
1 Esslöffel Butter
100 ml Gemüse- oder Hühnerbouillon
150 ml Crème fraîche
1 Prise edelsüsses Paprikapulver

1 Den Backofen auf 80 Grad vorheizen und eine Platte mitwärmen.

2 Die Kalbsschnitzel mit Salz und Pfeffer würzen. In einer Bratpfanne die Hälfte der Bratbutter rauchheiss erhitzen. Die Schnitzel in 2 Portionen bei grosser Hitze jeweils auf der ersten Seite je nach Dicke 1–1½ Minuten anbraten, dann wenden und auf der zweiten Seite nur noch 30–45 Sekunden weiterbraten. Dann die Schnitzelchen auf die vorgewärmte Platte geben und im Ofen bei 80 Grad 20–30 Minuten nachgaren lassen.

3 Den Bratensatz mit dem Noilly Prat auflösen und durch ein feines Sieb in ein kleines Gefäss giessen.

4 Die Gurke schälen, der Länge nach halbieren und entkernen. Mit einem kleinen Kugelausstecher Kugeln aus dem Fruchtfleisch stechen oder ein Drittel der Gurke klein würfeln. Die restliche Gurke in grobe Stücke schneiden.

5 Schalotte und Knoblauch schälen und fein hacken. Den Dill ebenfalls hacken.

6 In einem kleinen Topf die Butter erhitzen. Schalotte, Knoblauch und die grob zerkleinerte Gurke (nicht die Kugeln oder Würfelchen!) darin andünsten. Mit Bratenjus und Bouillon ablöschen und die Gurke zugedeckt 10–12 Minuten weich dünsten. Dann die Crème fraîche beifügen und alles mit dem Stabmixer fein pürieren. Die Sauce mit Salz, Pfeffer und Paprika abschmecken. Am Schluss die Gurkenkugeln oder -würfelchen sowie den Dill beifügen und alles ungedeckt noch 3–4 Minuten leise kochen lassen.

7 Die Kalbsschnitzel auf vorgewärmten Tellern anrichten und mit Gurkensauce um- und übergiessen.

Dazu passt: Salzkartoffeln, Pistazien-Zitronen-Reis (Rezept Seite 189), in der Folie gebackene Kräuterkartoffeln (Rezept Seite 186)

Zubereitung auch geeignet für:
Schweinsschnitzel: Gleiche Zubereitung wie Kalbsschnitzel.
Truthahnschnitzel: Je nach Dicke auf jeder Seite 1–1½ Minuten sehr heiss anbraten und 15–20 Minuten nachgaren.
Pouletbrüstchen: Waagrecht halbieren, sodass je 2 Schnitzel entstehen. Diese je nach Dicke auf jeder Seite 1–1½ Minuten sehr heiss anbraten und 20–30 Minuten nachgaren.
Kaninchenfilets: Je nach Dicke 3–4 Minuten anbraten und 20–30 Minuten nachgaren.

GEFÜLLTE POULETBRÜSTCHEN MIT SPINATSAUCE

Ganz bestimmt keine alltägliche Sauce ist diese Spinatsauce als Begleitung zu Pouletbrüstchen, die wiederum mit blanchierten Spinatblättern und Mascarpone-Gorgonzola gefüllt sind. Nicht empfehlenswert für dieses Gericht ist die Verwendung von Wurzelspinat, der als ganze Pflanze geerntet wird und relativ grob ist. Er entwickelt als Sauce gerne einen herben, schon fast leicht metallischen Geschmack. Falls Sie Trüffelöl oder Trüffelbutter zuhause haben, können Sie die Spinatsauce vor dem Servieren damit parfümieren. Bei Trüffelöl genügen einige wenige Tropfen, die Trüffelbutter ersetzt die normale Butter.

Für 4 Personen

4 Pouletbrüstchen
Salz
400 g frischer Blattspinat
100 g Mascarpone-Gorgonzola
schwarzer Pfeffer aus der Mühle
1 Esslöffel Bratbutter
100 ml Noilly Prat oder halb Weisswein, halb trockener Sherry
1 kleine Zwiebel
1 Knoblauchzehe
1 Esslöffel Butter
100 ml Rahm
30 g Butter
etwas frisch geriebene Muskatnuss

1 In die Pouletbrüstchen waagrecht eine Tasche einschneiden (evtl. vom Metzger machen lassen).

2 Reichlich Salzwasser aufkochen. Gleichzeitig den Backofen auf 80 Grad vorheizen und eine Platte mitwärmen.

3 Den Spinat gründlich waschen, dabei grobe Stiele entfernen. Je nach Grösse 20–28 schöne Blätter in das kochende Wasser geben und nur gerade 10 Sekunden blanchieren. Herausheben und auf einem sauberen Küchentuch abtropfen lassen.

4 Im immer noch kochenden Salzwasser den restlichen Spinat 1 Minute blanchieren. Abschütten, gründlich kalt abspülen, dann sehr gut ausdrücken und grob hacken.

5 Die in die Pouletbrüstchen geschnittenen Taschen mit je 5–7 Spinatblättern auslegen und jeweils 25 g Mascarpone-Gorgonzola darauf ausstreichen. Die Pouletbrüstchen mit Holzstäbchen verschliessen. Mit Salz und Pfeffer würzen.

6 In einer Bratpfanne die Bratbutter erhitzen und die Pouletbrüstchen darin beidseitig insgesamt 4 Minuten anbraten. Sofort auf die vorgewärmte Platte geben und im Ofen bei 80 Grad 45–60 Minuten nachgaren lassen.

7 Inzwischen den Bratensatz mit Noilly Prat oder der Weisswein-Sherry-Mischung auflösen. Durch ein feines Sieb in ein kleines Gefäss giessen.

8 Zwiebel und Knoblauch schälen und fein hacken.

9 In einem kleinen Topf 1 Esslöffel Butter erhitzen. Zwiebel und Knoblauch darin glasig dünsten. Den gehackten Spinat beifügen und kurz mitdünsten. Bratenjus und Rahm dazugiessen. Die Sauce mit dem Stabmixer sehr fein pürieren. Beiseitestellen.

10 Unmittelbar vor dem Servieren die Ofentemperatur auf 230 Grad erhöhen und die Pouletbrüstchen 5 Minuten in der aufsteigenden Hitze Temperatur annehmen lassen.

11 Gleichzeitig die Spinatsauce nochmals aufkochen. Die zweite Portion Butter (30 g) beifügen und die Sauce nochmals kurz durchmixen. Mit Salz, Pfeffer und wenig Muskat abschmecken.

12 Die Pouletbrüstchen schräg halbieren und auf der Spinatsauce anrichten.

Dazu passt: Salzkartoffeln, feine Nudeln, Safranrisotto (Rezept Seite 179), Polentacreme (Rezept Seite 185), Cherrytomaten-Basilikum-Bulgur (Rezept Seite 185)

Zubereitung auch geeignet für:
Kalbsfilet: Der Länge nach eine tiefe Tasche einschneiden, mit den Spinatblättern und dem Mascarpone-Gorgonzola füllen und mit Küchenschnur binden. Je nach Dicke rundum 4–5 Minuten anbraten und 1¾–2 Stunden nachgaren. Fertiggaren: 6–7 Minuten in aufsteigender Hitze.

SCHWEINSFILET MIT ROTER KNOBLAUCHSAUCE

Am liebsten mag ich diese Sauce im Frühsommer, wenn der junge Knoblauch auf dem Markt erhältlich ist. Dann dosiere ich die Knoblauchmenge sogar noch höher – mit gutem Gewissen, weil der junge Knoblauch noch mild und süss-aromatisch ist und viel weniger intensiv schmeckt als später im Jahr.

Für 4 Personen

6 Zweige Thymian
1 Teelöffel körniger Senf
1 Esslöffel Olivenöl
1 grosses Schweinsfilet, ca. 500 g schwer
Salz, schwarzer Pfeffer aus der Mühle
Olivenöl zum Braten
50 ml roter Portwein
Knoblauchsauce:
8 Knoblauchzehen
1 rote Peperoni (Paprika)
100 ml Olivenöl
200 g gehackte Dosentomaten (Pelati)
2 Esslöffel Mandelblättchen
1 Esslöffel Paniermehl
1 Prise Cayennepfeffer
1 Bund glattblättrige Petersilie

1 Die Thymianblättchen von den Zweigen zupfen. Mit Senf und Olivenöl mischen und das Schweinsfilet damit rundum bestreichen. Falls man genügend Zeit hat, das Schweinsfilet in Klarsichtfolie wickeln und im Kühlschrank einige Stunden marinieren lassen.

2 Den Backofen auf 80 Grad vorheizen und eine Platte mitwärmen.

3 Das Schweinsfilet mit Salz und Pfeffer würzen. In einer Bratpfanne wenig Olivenöl erhitzen und das Schweinsfilet rundum 4 Minuten anbraten. Sofort auf die vorgewärmte Platte geben und im 80 Grad heissen Ofen 1½–1¾ Stunden nachgaren lassen.

4 Den Bratensatz mit dem Portwein auflösen, zur Hälfte einkochen lassen und durch ein Sieb in einen Becher giessen.

5 Für die Sauce die Knoblauchzehen schälen und hacken. Die Peperoni halbieren, entkernen und in kleine Würfelchen schneiden.

6 In einem Topf das Olivenöl erhitzen. Den Knoblauch darin hellgelb dünsten. Die Peperoniwürfelchen beifügen und kurz mitdünsten. Die gehackten Tomaten dazugeben und zugedeckt bei kleiner Hitze etwa 15 Minuten kochen lassen.

7 Die Gemüsesauce mit Mandelblättchen, Paniermehl und Bratenjus in einen hohen Becher geben und nicht zu fein pürieren. Mit Salz, Pfeffer und Cayennepfeffer abschmecken. Die Petersilie fein hacken und daruntermischen. Wird die Sauce nicht sofort verwendet, nicht kühl stellen, sondern bei Zimmertemperatur stehen lassen, sonst verliert sie an Aroma. Vor dem Anrichten nach Belieben noch einmal sorgfältig erhitzen.

8 Unmittelbar vor dem Servieren die Ofentemperatur auf 230 Grad erhöhen und das Schweinsfilet in der aufsteigenden Hitze 5–6 Minuten Temperatur annehmen lassen. Herausnehmen, in Scheiben schneiden und mit der Knoblauchsauce anrichten.

Dazu passt: Spinatküchlein (Rezept Seite 187), Knollenselleriepüree mit Olivenpaste (Rezept Seite 182), Geschmorte Artischocken mit Kräutern und Dörrtomaten (Rezept Seite 188), Pistazien-Zitronen-Reis (Rezept Seite 189), Rosmarinkartoffeln (Rezept Seite 192)

Zubereitung auch geeignet für:
Pouletbrüstchen: Je nach Grösse auf jeder Seite 1½–2 Minuten anbraten und 45–60 Minuten nachgaren. Fertiggaren: 5 Minuten in aufsteigender Hitze.
Kaninchenfilets: Je nach Dicke 3–4 Minuten anbraten und 20–30 Minuten nachgaren.
Kalbs- oder Schweinskoteletts: 5 Minuten anbraten und 45 Minuten nachgaren. Fertiggaren: 6–7 Minuten in aufsteigender Hitze.
Doppeltes Kalbs- oder Schweinssteak: Ein Nierstück von 600–700 g halbieren und falls vorhanden den Fettdeckel wegschneiden. Die Fleischstücke je nach Dicke insgesamt 2–2½ Minuten rundum, auch an den Seitenrändern, anbraten und 1½ Stunden nachgaren. Fertiggaren: 5–6 Minuten in aufsteigender Hitze.
Entenbrust: Auf der Fettseite (Haut) 3 Minuten, dann auf der Fleischseite je nach Dicke der Brüstchen 1–2 Minuten anbraten und etwa 1 Stunde nachgaren. Fertiggaren: 5–6 Minuten in aufsteigender Hitze.
Lammrückenfilet: Je nach Dicke auf jeder Seite 1–1½ Minuten anbraten und 50–60 Minuten nachgaren. Fertiggaren: 5 Minuten in aufsteigender Hitze.
Lammhuft: Je nach Grösse 4–6 Minuten anbraten und 1–1¼ Stunden nachgaren. Fertiggaren: 6 Minuten in aufsteigender Hitze.
Rumpsteaks: Je nach Dicke und gewünschter Garstufe auf der ersten Seite 1 Minute, auf der zweiten Seite ¾–1½ Minuten braten und 20–30 Minuten nachgaren.

KALBSFILET MIT KAROTTEN-DILL-SAUCE

Das leicht süssliche Karottenaroma passt ausgezeichnet zu hellem Fleisch. Wer einen Gemüseentsafter besitzt, kann die Sauce auch mit 150 ml frisch gepresstem Saft zubereiten; auf diese Weise erhält man ein geschmacklich besonders intensives Karottenaroma. In diesem Fall entfällt Punkt 5 des Rezepts. Anstelle von Dill, der die Karottensauce geschmacklich raffiniert ergänzt, kann man auch Basilikum verwenden.

Für 4–5 Personen

1 Kalbsfilet, 500–600 g schwer
Salz, schwarzer Pfeffer aus der Mühle
1 Esslöffel Bratbutter
100 ml Noilly Prat (trockener französischer Wermut)
Sauce:
250 g Karotten
300 ml Wasser
Salz
1 Esslöffel Butter
1 Schalotte oder kleine Zwiebel
50 ml Noilly Prat
50 ml Weisswein
50 ml Gemüsebouillon
2 Esslöffel Doppelrahm
1 Bund Dill
80 g Butter

1 Den Backofen auf 80 Grad vorheizen und eine Platte mitwärmen.

2 Das Kalbsfilet mit Salz und Pfeffer würzen. In einer Bratpfanne die Bratbutter kräftig erhitzen und das Kalbsfilet darin je nach Dicke rundum 4–5 Minuten anbraten. Sofort auf die vorgewärmte Platte legen und im 80 Grad heissen Ofen 1½–1¾ Stunden nachgaren lassen.

3 Den Bratensatz mit dem Noilly Prat auflösen und zur Hälfte einkochen lassen. Durch ein feines Sieb in ein kleines Gefäss giessen.

4 Für die Sauce 1 Karotte schälen und in sehr kleine Würfelchen schneiden. In einem kleinen Topf in 50 ml Wasser mit etwas Salz 2 Minuten vorkochen. Abgiessen und beiseitestellen.

5 Die restlichen Karotten ebenfalls schälen und in Scheiben schneiden. Mit ¼ l Wasser und 1 Esslöffel Butter in einen Topf geben und zugedeckt 30 Minuten kochen lassen. Abschütten, dabei den Sud auffangen. Die Karotten so essen oder für eine Suppe verwenden.

6 Schalotte oder Zwiebel schälen und hacken. Mit Bratenjus, Noilly Prat, Weisswein, Gemüsebouillon und dem Karottensud in einen Topf geben und auf knapp 150 ml einkochen lassen. Dann den Doppelrahm beifügen und die Sauce mit dem Stabmixer sehr fein pürieren.

7 Den Dill fein hacken.

8 Unmittelbar vor dem Servieren die Ofentemperatur auf 230 Grad erhöhen und das Kalbsfilet in aufsteigender Hitze 6–7 Minuten Temperatur annehmen lassen.

9 Gleichzeitig die Karottensauce nochmals aufkochen. Karottenwürfelchen und Dill beifügen. Die zweite Portion Butter (80 g) in Stücken in die leicht kochende Sauce geben und einziehen lassen. Die Karottensauce mit Salz und Pfeffer abschmecken.

10 Das Kalbsfilet in Scheiben aufschneiden, auf vorgewärmten Tellern anrichten und mit Karottensauce umgiessen. Sofort servieren.

Dazu passt: Kleine Salzkartoffeln, Safranrisotto (Rezept Seite 178), Spinatküchlein (Rezept Seite 187), Pistazien-Zitronen-Reis (Rezept Seite 189)

Zubereitung auch geeignet für:
Pouletbrüstchen: Je nach Grösse insgesamt 3–4 Minuten anbraten und 45–60 Minuten nachgaren. Fertiggaren: 5 Minuten in aufsteigender Hitze.
Truthahnschnitzel: Je nach Dicke insgesamt 2–3 Minuten anbraten und 15–20 Minuten nachgaren.
Kalbsschnitzel: Auf der ersten Seite je nach Dicke 1–1½ Minuten, auf der zweiten Seite nur noch 30–45 Sekunden anbraten und 20–30 Minuten nachgaren.
Kalbsmedaillons: Je nach Dicke insgesamt 2–3 Minuten anbraten und etwa 45 Minuten nachgaren. Fertiggaren: 4–5 Minuten in aufsteigender Hitze.
Doppeltes Kalbs- oder Schweinssteak: Ein Nierstück von 600–700 g halbieren und falls vorhanden den Fettdeckel wegschneiden. Die Fleischstücke je nach Dicke insgesamt 2–2½ Minuten rundum, auch an den Seitenrändern, anbraten und 1½ Stunden nachgaren. Fertiggaren: 5–6 Minuten in aufsteigender Hitze.
Kaninchenfilets: Je nach Dicke 3–4 Minuten anbraten und 20–30 Minuten nachgaren.

IN MILCH POCHIERTE POULETBRÜSTCHEN MIT FRÜHLINGSZWIEBEL-KRÄUTER-SAUCE

Niedertemperaturgaren einmal ein wenig anders: Die Pouletbrüstchen werden in einem Sud von Milch, Rahm sowie Gewürzen im Ofen bei 100 Grad gar ziehen gelassen. 100 Grad deshalb, weil mit dem Sud ein weiteres Medium ins Spiel kommt und deshalb etwas mehr Hitze nötig ist, um den Sud auf möglichst gleichbleibender Temperatur zu halten. Der grosse Vorteil des Pochierens im Ofen: Der Sud fängt bei dieser Temperatur nie an zu kochen.

Für 4 Personen

4 Pouletbrüstchen
½ Bund Basilikum
½ l Milch
100 ml Rahm
¾ Teelöffel Salz
schwarzer Pfeffer aus der Mühle
1 kleine Zwiebel
2 Lorbeerblätter, nach Belieben frische Blätter
2 Gewürznelken
2 Zweige Rosmarin
Sauce:
3 kleinere Frühlingszwiebeln
1 Esslöffel Butter
150 ml weisser Portwein oder Noilly Prat (trockener französischer Wermut)
50 ml Rahm
je ½ Bund glatte Petersilie und Basilikum
Salz, Pfeffer aus der Mühle
einige Tropfen Zitronensaft

1 Den Backofen auf 100 Grad (bei Umluft 80 Grad) vorheizen.

2 In die Pouletbrüstchen je eine tiefe Tasche schneiden und diese mit den Basilikumblättern auslegen.

3 Milch, Rahm, Salz und Pfeffer in einen ofentauglichen Topf geben, der so gross ist, dass später die Pouletbrüstchen eng nebeneinander Platz haben. Alles langsam aufkochen.

4 Die Zwiebel schälen und halbieren. Die Lorbeerblätter dem Rand entlang drei- bis viermal einschneiden und mit den Gewürznelken auf die Zwiebelhälften stecken.

5 Die Pouletbrüstchen in die leicht kochende Milch legen und nochmals bis vors Kochen bringen. Sofort vom Herd nehmen. Die besteckten Zwiebelhälften und Rosmarinzweige dazulegen. Den Topf ungedeckt in den 100 bzw. bei Umluft 80 Grad heissen Ofen auf die unterste Rille stellen und die Pouletbrüstchen je nach Grösse 50–60 Minuten gar ziehen lassen.

6 Für die Sauce die Frühlingszwiebeln mitsamt schönem Grün fein hacken.

7 In einem Topf die Butter erhitzen. Die Frühlingszwiebeln darin andünsten. Den Portwein oder Noilly Prat dazugiessen und fast vollständig einkochen lassen. Dann den Rahm beifügen und alles nochmals 2 Minuten kochen lassen. Beiseitestellen.

8 Petersilien- und Basilikumblätter von den Zweigen zupfen und hacken.

9 Unmittelbar vor dem Servieren die Pouletbrüstchen aus dem Ofen nehmen. Die Ofentemperatur auf 70 Grad reduzieren. Gut die Hälfte der Garflüssigkeit durch ein Sieb zur Frühlingszwiebelreduktion giessen. Die Pouletbrüstchen mit der restlichen Garflüssigkeit wieder zurück in den Ofen geben.

10 Petersilie und Basilikum zur Sauce geben, diese nochmals aufkochen, dann mit dem Stabmixer möglichst fein pürieren. Mit Salz, Pfeffer sowie Zitronensaft abschmecken. Falls die Sauce gerinnt, einfach mit dem Stabmixer nochmals kurz durchmixen!

11 Die Pouletbrüstchen schräg in Scheiben aufschneiden und auf vorgewärmten Tellern anrichten. Die Kräutersauce nochmals aufmixen. Etwas davon über die Pouletbrüstchen verteilen, den Rest separat dazu servieren.

Dazu passt: Salzkartoffeln, Basmatireis, Orientalischer Gemüsepilaw (Rezept Seite 181), Karottenpüree mit grünem Pfeffer (Rezept Seite 190), Kartoffelküchlein mit Spinat (Rezept Seite 193)

Zubereitung auch geeignet für:
Truthahnbrust: Je nach Grösse und Dicke (sehr unterschiedliche Stücke im Angebot zwischen 700 g und 1,4 kg) 1–1½ Stunden im 100 Grad heissen Ofen in der Milch pochieren.
Runde Kalbsnuss: Rundum etwa 5 Minuten anbraten, dann etwa 1¼–1½ Stunden im 100 Grad heissen Ofen in der Milch pochieren.

POULETBRÜSTCHEN MIT PFEFFER-RHABARBER

Für die meisten Leute gehört Rhabarber zu den «Früchten» und damit zur «süssen» Küche. Wie gut sich Rhabarber auch pikant zubereiten lässt, zeigt dieses Gericht. Rhabarber wird in einem Portwein-Pfeffer-Jus gekocht und auf gebratenen Pouletbrüstchen angerichtet. Für salzige Rhabarbergerichte eignet sich vor allem der sogenannte Erbeerrhabarber mit roten Stielen und rotem Fleisch oder Rhabarber mit roten Stielen und grünem Fleisch. Weniger geeignet ist grüner Rhabarer, der sehr sauer und herb im Geschmack ist.

Für 4 Personen

Pfeffer-Rhabarber:
4 mittlere Rhabarberstängel (ca. 400 g)
1 Frühlingszwiebel
1 Esslöffel eingelegter rosa Pfeffer
2 Esslöffel Zucker
1 Esslöffel Butter
100 ml roter Portwein
100 ml leichte Gemüsebouillon
1 Esslöffel alter Balsamicoessig
Fleisch:
4 Pouletbrüstchen
Salz, schwarzer Pfeffer aus der Mühle
1 Esslöffel Bratbutter
2–3 Zweige Basilikum
50 g Butter

1 Die Rhabarberstängel schälen und in 5 cm lange Stücke schneiden. Die Frühlingszwiebel mitsamt schönem Grün fein hacken. Die Pfefferkörner in ein Sieb geben, kurz warm spülen, dann grob hacken oder zerdrücken.

2 In einer weiten Pfanne den Zucker zu hellbraunem Karamell schmelzen. Die Butter dazugeben und schmelzen lassen. Dann Frühlingszwiebel und Pfeffer beifügen und mit Portwein, Bouillon und Balsamicoessig ablöschen. Alles so lange kochen lassen, bis sich der Zucker vollständig aufgelöst hat.

3 Die Rhabarberstücke in den Jus legen und bei kleiner Hitze zugedeckt je nach Sorte 2–4 Minuten gar ziehen lassen; sie sollen gerade weich sein, dürfen aber nicht zerfallen. Mit einer Schaumkelle herausheben, gut abtropfen lassen, auf eine Platte geben und mit Klarsichtfolie decken. Den Pfefferjus beiseitestellen. Bis hierhin kann das Gericht vorbereitet werden.

4 Den Backofen auf 80 Grad vorheizen und eine Platte mitwärmen.

5 Die Pouletbrüstchen mit Salz und Pfeffer würzen. In einer Bratpfanne die Bratbutter kräftig erhitzen. Die Pouletbrüstchen darin je nach Grösse auf jeder Seite 1½–2 Minuten anbraten. Sofort auf die vorgewärmte Platte geben und im 80 Grad heissen Ofen 45–60 Minuten nachgaren lassen.

6 Den Bratensatz mit dem Portwein-Pfeffer-Jus auflösen und bei grosser Hitze auf 100 ml einkochen lassen.

7 Die Basilikumblätter fein hacken.

8 Unmittelbar vor dem Servieren die Ofentemperatur auf 230 Grad erhöhen und die Pouletbrüstchen 5 Minuten in aufsteigender Hitze Temperatur annehmen lassen.

9 Gleichzeitig die Sauce nochmals aufkochen. Die Butter in Stücken beifügen und in die Sauce einziehen lassen. Das Basilikum dazugeben und die Sauce mit Salz und wenn nötig Pfeffer nachwürzen. Die Rhabarberstücke in die Sauce legen und nur noch gut heiss werden lassen.

10 Die Pouletbrüstchen schräg in Scheiben aufschneiden, auf vorgewärmten Tellern anrichten, einige Rhabarberstücke darauflegen und alles mit Sauce umgiessen.

Dazu passt: Wildreismischung, Pistazien-Zitronen-Reis (Rezept Seite 189), Schupfnudeln (Rezept Seite 189), Rosmarinkartoffeln (Rezept Seite 192)

Zubereitung auch geeignet für:
Entenbrust: Auf der Fettseite (Haut) 3 Minuten, dann auf der Fleischseite je nach Dicke der Brüstchen 1–2 Minuten anbraten und etwa 1 Stunde nachgaren lassen. Fertiggaren: 5–6 Minuten in aufsteigender Hitze.
Schweinsfilet: Rundum insgesamt 4 Minuten anbraten und 1½–1¾ Stunden nachgaren lassen. Fertiggaren: 5–6 Minuten in aufsteigender Hitze.
Doppeltes Kalbs- oder Schweinssteak: Ein Nierstück von 600–700 g halbieren und falls vorhanden den Fettdeckel wegschneiden. Die Fleischstücke je nach Dicke insgesamt 2–2½ Minuten rundum, auch an den Seitenrändern, anbraten und 1½ Stunden nachgaren. Fertiggaren: 5–6 Minuten in aufsteigender Hitze.

LAMMGESCHNETZELTES MIT OLIVEN-CHERRYTOMATEN-SAUCE

Einfach, schnell und dennoch raffiniert: Aus Lammhuft oder Lammkeule (Gigot) geschnittene Fleischscheibchen werden mit gefüllten grünen Paprika-Oliven, Cherrytomaten, Frühlingszwiebeln und Oregano an einer leichten Weisswein-Rahm-Sauce zubereitet.

Für 4 Personen

600 g Lammhuft oder -gigot
Salz, schwarzer Pfeffer aus der Mühle
4–5 Esslöffel Olivenöl
100 ml Weisswein
100 g grüne Oliven, mit Paprika gefüllt
250 g Cherrytomaten
2 Frühlingszwiebeln
1 Bund Oregano
100 ml Rahm

1 Den Backofen auf 80 Grad vorheizen und eine Platte mitwärmen.

2 Das Fleisch in dünne Scheiben und diese in Vierecke von etwa 2 x 4 cm schneiden. Mit Salz und Pfeffer würzen.

3 In einer Bratpfanne die Hälfte des Olivenöls erhitzen. Das Lammfleisch in 2–3 Portionen sehr heiss auf der ersten Seite 1 Minute, auf der zweiten Seite nur noch gerade 20–30 Sekunden anbraten; es soll innen noch roh sein. Sofort auf die vorgewärmte Platte geben und im 80 Grad heissen Ofen 20–30 Minuten nachgaren lassen.

4 Den Bratensatz mit dem Weisswein auflösen und durch ein feines Sieb in ein kleines Gefäss giessen. Die Bratpfanne beiseitestellen.

5 Die Oliven in Scheibchen schneiden. Die Cherrytomaten je nach Grösse halbieren oder vierteln und die Schnittflächen mit Salz und Pfeffer würzen. Die Frühlingszwiebeln mitsamt schönem Grün fein hacken. Den Oregano ebenfalls hacken.

6 In der Bratpfanne das restliche Olivenöl erhitzen und die Frühlingszwiebeln darin andünsten. Den Bratenjus dazugiessen und gut zur Hälfte einkochen lassen. Rahm, Oliven, Cherrytomaten sowie Oregano beifügen und alles nochmals bei grosser Hitze 2–3 Minuten kochen lassen. Mit Salz und Pfeffer abschmecken.

7 Am Ende der Nachgarzeit die Oliven-Cherrytomaten-Sauce über das Geschnetzelte geben und sofort servieren.

Dazu passt: In Olivenöl gebratene kleine Schalenkartoffeln, feine Nudeln, Safranrisotto (Rezept Seite 179)

Zubereitung auch geeignet für:
Geschnetzeltes Kalbfleisch: Auf der ersten Seite ohne Wenden gut 1 Minute, auf der zweiten Seite nur noch gerade 30 Sekunden anbraten und 15–20 Minuten nachgaren.
Pouletbrüstchen: Fleisch in Würfel oder fingerdicke Streifen schneiden. Je nach Grösse insgesamt 2½–3 Minuten anbraten und 30–45 Minuten nachgaren.
Truthahnschnitzel: Je nach Dicke insgesamt 2–3 Minuten anbraten und 15–20 Minuten nachgaren. Die Schnitzel auf der Platte mit der Sauce übergiessen.
Rindshuft oder Rindsfilet: In fingerdicke Streifen schneiden. Auf der ersten Seite kräftig 1 Minute, auf der zweiten nur noch 15–20 Sekunden anbraten; das Fleisch soll innen noch roh sein. Etwa 20 Minuten nachgaren.
Kaninchenfilets: Die Filets je nach Dicke rundum insgesamt 3–4 Minuten anbraten und 20–30 Minuten nachgaren.

SCHNELLES LAMM-GEMÜSE-CURRY

Dieses würzige Currygericht lässt sich je nach Kühlschrankinhalt beliebig variieren. Hat man kein Koriander- und Kreuzkümmelpulver zum Würzen der Fleischwürfel zur Hand, kann man sehr gut auch etwas Curry verwenden. Frischer Ingwer, von dem nach der Verwendung meistens Reste übrig bleiben, kann übrigens ungeschält im Kühlschrank 2–3 Wochen gelagert werden. Oder aber er wird geschält, fein zerkleinert und tiefgekühlt; die Haltbarkeit beträgt so 2–3 Monate.

Für 4 Personen

500 g Lammrückenfilet
je ½ Teelöffel gemahlener Koriander und Kreuzkümmel
schwarzer Pfeffer aus der Mühle
2 Knoblauchzehen
25 g frischer Ingwer
1 grosse Zwiebel
4 Karotten
je 1 rote und gelbe Peperoni (Paprika)
2–3 Esslöffel Bratbutter
1 Stange Zimt
Salz
2 Esslöffel Currypulver
200 ml kräftige Gemüsebouillon
400 ml Kokosmilch (Tetrapak)
1–2 Esslöffel Zitronensaft
nach Belieben etwas frischer Koriander oder glattblättrige Petersilie

1 Den Backofen auf 80 Grad vorheizen und eine Platte mitwärmen.

2 Das Lammrückenfilet in etwa 2 cm grosse Würfel schneiden. Mit Koriander, Kreuzkümmel und Pfeffer würzen. Beiseite-, aber nicht kühl stellen.

3 Die Knoblauchzehen und den Ingwer schälen und beides sehr fein hacken. Die Zwiebel schälen und klein würfeln. Die Karotten ebenfalls schälen und in dünne Rädchen schneiden. Die Peperoni halbieren, entkernen und in etwa 2 cm grosse Würfel schneiden.

4 In einem grossen Topf 1 Esslöffel Bratbutter mit der Zimtstange kräftig erhitzen. Die Lammwürfel salzen und in 2 Portionen auf der ersten Seite gut 1 Minute, auf der zweiten Seite je nach Dicke noch 1–1½ Minuten anbraten. Herausnehmen, auf die vorgewärmte Platte geben und im 80 Grad heissen Ofen 20–30 Minuten nachgaren lassen.

5 Die restliche Bratbutter zum Bratensatz geben. Knoblauch, Ingwer und Zwiebel darin andünsten. Dann Karotten und Peperoni beifügen, das Currypulver darüberstäuben und alles weitere 2 Minuten dünsten. Bouillon und Kokosmilch dazugiessen und ungedeckt etwa 15 Minuten lebhaft einkochen lassen; die Flüssigkeit soll leicht binden.

6 Am Schluss der Garzeit mit Zitronensaft, Salz und Pfeffer abschmecken. Die Lammwürfel daruntermischen und nur noch gerade 1 Minute erhitzen. Nach Belieben etwas grob zerzupften Koriander oder Petersilie darüber verteilen und sofort servieren.

Dazu passt: Basmatireis, Cherrytomaten-Basilikum-Bulgur (Rezept Seite 185)

Zubereitung auch geeignet für:
Schweinsfilet: Das Fleisch in fingerdicke Streifen schneiden. Je nach Dicke insgesamt 2½–3 Minuten braten und 20–30 Minuten nachgaren.
Pouletbrüstchen: Das Fleisch in Würfel schneiden. Je nach Grösse insgesamt 2½–3 Minuten anbraten und 30–45 Minuten nachgaren.
Truthahnbrust: Das Fleisch in Würfel schneiden. Je nach Grösse insgesamt 2½–3 Minuten anbraten und 30–45 Minuten nachgaren.
Rindshuft oder Rindsfilet: In fingerdicke Streifen schneiden. Auf der ersten Seite kräftig 1 Minute, auf der zweiten nur noch 15–20 Sekunden anbraten; das Fleisch soll innen noch roh sein. Etwa 20 Minuten nachgaren.
Entenbrust: Die Fetthaut entfernen, das Fleisch in fingerdicke Streifen schneiden. Je nach Dicke und gewünschter Garstufe insgesamt 2–2½ Minuten anbraten und 20–30 Minuten nachgaren.

ENTENBRUST AUF KASTANIENRAGOUT

Kastanie ist nicht gleich Kastanie. Esskastanien werden nämlich in zwei Sorten unterteilt, in sogenannte Edelkastanien und Maronen oder Mar(r)oni. Maroni sind flacher und besitzen einen rechteckigen hellen Fleck, «Narbe» genannt. Edelkastanien dagegen sind rund und besitzen einen recht grossen runden, hellen Fleck. Beide Sorten sind relativ aufwendig zu schälen und werden heute auch vorgekocht und vakuumverpackt oder tiefgekühlt angeboten.

Für 4 Personen

2–3 Entenbrüstchen, je nach Grösse
Salz, Pfeffer aus der Mühle
1 Esslöffel Bratbutter
1 Esslöffel Honig
4 Zweige Salbei
100 ml roter Portwein
Kastanienragout:
2 Schalotten
1 Knoblauchzehe
200 g Champignons
100 g magere Bratspeckscheiben
2 Esslöffel Butter
500 g tiefgekühlte Esskastanien
100 ml Weisswein
ca. 100 ml Gemüsebouillon
1 Bund glattblättrige Petersilie

1 Den Backofen auf 80 Grad vorheizen und eine Platte mitwärmen.

2 Mit einem scharfen Messer die Hautseite der Entenbrüstchen kreuzweise einritzen (evtl. vom Metzger machen lassen). Die Brüstchen auf der Fleischseite kräftig mit Salz und Pfeffer würzen.

3 In einer Bratpfanne die Bratbutter kräftig erhitzen. Die Brüstchen zuerst auf der Hautseite 3 Minuten anbraten. Vor dem Wenden die Fleischseite mit der Hälfte des Honigs bestreichen, dann auf dieser Seite je nach Dicke noch 1–2 Minuten braten, dabei die Salbeizweige beifügen und mitbraten. Am Schluss auch die bereits angebratene Hautseite mit Honig bestreichen und auf dieser Seite nochmals ½ Minute braten. Dann sofort mitsamt den Salbeizweigen auf die vorgewärmte Platte geben und im 80 Grad heissen Ofen etwa 1 Stunde nachgaren lassen.

4 Das Bratfett abgiessen, den Bratensatz mit dem Portwein auflösen und gut zur Hälfte einkochen lassen. Durch ein feines Sieb über die Entenbrüstchen im Ofen träufeln.

5 Für das Kastanienragout Schalotten und Knoblauch schälen und fein hacken. Die Champignons je nach Grösse halbieren oder vierteln. Den Speck in feine Streifchen schneiden.

6 In einem Topf den Speck im eigenen Fett langsam braten. Die Butter beifügen und aufschäumen lassen. Schalotten und Knoblauch dazugeben und glasig dünsten. Dann die Champignons beifügen und kurz mitdünsten. Kastanien, Weisswein und Bouillon dazugeben und alles zugedeckt etwa 15 Minuten weich garen. Mit Salz und Pfeffer würzen.

7 Die Petersilie fein hacken.

8 Am Ende der Nachgarzeit der Entenbrüste die Ofentemperatur auf 230 Grad erhöhen und das Fleisch in der aufsteigenden Hitze 5–6 Minuten Temperatur annehmen lassen.

9 Die Petersilie zum Kastanienragout geben und dieses nochmals gut aufkochen. Die Entenbrüstchen schräg in Scheiben schneiden und auf dem Kastanienragout anrichten.

Dazu passt: Salzkartoffeln, Mandelspätzli (Rezept Seite 182), Schupfnudeln (Rezept Seite 189)

Zubereitung auch geeignet für:
Pouletbrüstchen: Je nach Grösse auf jeder Seite 1½–2 Minuten anbraten; zwischendurch mit Honig bestreichen. Im Ofen 45–60 Minuten nachgaren. Fertiggaren: 5 Minuten in aufsteigender Hitze.
Lammhuft: Je nach Grösse insgesamt 4–6 Minuten anbraten, zwischendurch mit Honig bestreichen. Im Ofen 1–1¼ Stunden nachgaren. Fertiggaren: 6 Minuten in aufsteigender Hitze.

RINDSHUFTSTEAK MIT SAFRANZWIEBELN

Rund um das Mittelmeer liebt man Anis, ganz besonders in flüssiger Form: als Ouzo in Griechenland, als Raki in der Türkei, als Sambucca in Italien, Aniseta in Spanien oder Pastis in Frankreich. Gemeinsam ist all diesen Produkten der typische, an Hustenbonbons und Lakritz erinnernde Geschmack. Die typische milchige Färbung bekommt Anisschnaps erst, wenn man ihn mit Wasser verdünnt. Auch in der Küche schätzt man seine besondere Würze, sei es zu Fisch, Fleisch, in Saucen oder Desserts. In diesem Rezept dient er zum Ablöschen des Bratensatzes und als Basis für einen raffinierten Safranjus, in dem in Schnitze geschnittene Zwiebeln mitgegart werden.

Für 4 Personen

4 Rindshuftsteaks, je 125–150 g schwer
Salz, schwarzer Pfeffer aus der Mühle
1 Esslöffel Bratbutter
50 ml Pastis oder Pernod
Safranzwiebeln:
800 g mittlere Zwiebeln
40 g Butter
¼ l Weisswein
2 Briefchen Safran
1 Stück unbehandelte Orangenschale
6–8 Zweige Thymian
12 Cherrytomaten
4 Esslöffel Olivenöl

1 Den Backofen auf 80 Grad vorheizen und eine Platte mitwärmen.

2 Die Rindshuftsteaks mit Salz und Pfeffer würzen. In einer Bratpfanne die Bratbutter rauchheiss erhitzen. Die Steaks auf der ersten Seite ohne Wenden gut 1 Minute anbraten, dann auf der zweiten Seite je nach Dicke 1–1½ Minuten weiterbraten. Sofort auf die vorgewärmte Platte geben und im 80 Grad heissen Ofen etwa 40 Minuten nachgaren lassen.

3 Den Bratensatz mit dem Pastis oder Pernod auflösen und durch ein feines Sieb in ein kleines Gefäss giessen.

4 Die Zwiebeln schälen und je nach Grösse vierteln oder sechsteln.

5 In einem Topf die Butter erhitzen. Die Zwiebeln darin andünsten. Bratenjus und Weisswein beifügen und aufkochen. Den Safran mit etwas heisser Kochflüssigkeit verrühren und dazugeben. Die Zwiebeln mit Salz und Pfeffer würzen. Die Orangenschale dazulegen und die abgezupften Thymianblättchen beifügen. Die Zwiebeln zugedeckt bei mittlerer Hitze etwa 25 Minuten weich dünsten.

6 Die Cherrytomaten halbieren und die Schnittflächen mit Salz sowie Pfeffer würzen.

7 Am Schluss der Garzeit der Zwiebeln die Kochflüssigkeit bei grosser Hitze auf etwa 100 ml einkochen lassen.

8 Unmittelbar vor dem Servieren die Ofentemperatur auf 230 Grad erhöhen und die Rindshuftsteaks in der aufsteigenden Hitze 4–5 Minuten Temperatur annehmen lassen.

9 Gleichzeitig in einer beschichteten Bratpfanne 1 Esslöffel Olivenöl erhitzen und die Cherrytomaten darin 1½–2 Minuten andünsten.

10 Die Safranzwiebeln nochmals aufkochen. Das restliche Olivenöl (3 Esslöffel) daruntermischen, die Cherrytomaten beifügen und die Zwiebeln wenn nötig mit Salz sowie Pfeffer abschmecken.

11 Die Rindshuftsteaks mit den Safranzwiebeln und etwas Jus auf vorgewärmten Tellern anrichten und sofort servieren.

Dazu passt: Salzkartoffeln, Karamellisierter Chicorée (Rezept Seite 179), Cherrytomaten-Basilikum-Bulgur (Rezept Seite 185), Kartoffeln nach Risottoart (Rezept Seite 190)

Zubereitung auch geeignet für:
Pouletbrüstchen: Je nach Grösse auf jeder Seite 1½–2 Minuten anbraten und 45–60 Minuten nachgaren. Fertiggaren: 5 Minuten in aufsteigender Hitze.
Schweinsmedaillons: Je nach Dicke insgesamt 2–3 Minuten anbraten und etwa 45 Minuten nachgaren. Fertiggaren: 4–5 Minuten in aufsteigender Hitze.
Entenbrust: Auf der Fettseite (Haut) 3 Minuten, dann auf der Fleischseite je nach Dicke der Brüstchen 1–2 Minuten anbraten und etwa 1 Stunde nachgaren. Fertiggaren: 5–6 Minuten in aufsteigender Hitze.
Lamm: Lammchops oder Gigotsteaks (aus der Keule) je nach Dicke auf jeder Seite 1–1½ Minuten anbraten und etwa 45–60 Minuten nachgaren. Fertiggaren: 5 Minuten in aufsteigender Hitze.

HOHRÜCKENSTEAKS MIT CHERRYTOMATENSAUCE

Das ist eine meiner liebsten Saucen überhaupt: Cherrytomaten werden mit Rohessspeck, Frühlingszwiebeln, Knoblauch und Oregano in reichlich Olivenöl kurz gedünstet – und das ist es schon! Vielfältig kombinierbar ist diese Cherrytomatensauce zudem auch noch: Sie passt nämlich nicht nur zu jedem kurz gebratenen Fleisch, sondern ebenso zu Fisch oder Pasta.

Für 4 Personen

4 Hohrückensteaks, je 125–150 g schwer
Salz, schwarzer Pfeffer aus der Mühle
2 Esslöffel Olivenöl
Cherrytomatensauce:
500 g Cherrytomaten
2–3 Frühlingszwiebeln, je nach Grösse
1–2 Knoblauchzehen
100 g Rohessspeckscheiben (nicht zu stark geräucherte Sorte)
½ Bund Oregano
100 ml Olivenöl
1 Prise Zucker

1 Den Backofen auf 80 Grad vorheizen und eine Platte mitwärmen.

2 Die Hohrückensteaks mit Salz und Pfeffer würzen. In einer Bratpfanne im sehr heissen Olivenöl je nach Dicke und gewünschter Garstufe insgesamt 2½–3½ Minuten kräftig von allen Seiten, auch an den Rändern, anbraten. Sofort auf die vorgewärmte Platte geben und im 80 Grad heissen Ofen 30–45 Minuten nachgaren lassen.

3 Inzwischen die Cherrytomaten vierteln und die Schnittflächen mit Salz sowie Pfeffer würzen.

4 Die Frühlingszwiebeln mitsamt schönem Grün hacken. Die Knoblauchzehen schälen und ebenfalls hacken. Den Speck in Streifchen schneiden. Die Oreganoblättchen von den Zweigen zupfen und hacken.

5 In einem Topf knapp die Hälfte des Olivenöls erhitzen. Den Speck darin anbraten. Frühlingszwiebeln und Knoblauch beifügen und unter häufigem Wenden 4–5 Minuten dünsten.

6 Nun Cherrytomaten, Oregano und das restliche Olivenöl beifügen und zugedeckt bei mittlerer, dann bei kleiner Hitze 5–8 Minuten kochen lassen. Wichtig: Die Sauce darf nicht zu stark und vor allem nicht zu lange kochen, damit die Cherrytomaten nicht völlig zerfallen. Falls nötig ungedeckt bis zum Schluss der Garzeit des Fleisches beiseitestellen und erst dann die Tomaten nochmals erhitzen. Wenn nötig mit Salz und Pfeffer sowie 1 Prise Zucker abschmecken.

7 Unmittelbar vor dem Servieren die Ofentemperatur auf 230 Grad erhöhen und die Hohrückensteaks 4–5 Minuten in der aufsteigenden Hitze Temperatur annehmen lassen. Sofort mit etwas Cherrytomatensauce auf vorgewärmten Tellern anrichten.

Dazu passt: In der Folie gebackene Kräuterkartoffeln (Rezept Seite 186), Kerbelrisotto (Rezept Seite 186), Kartoffeln nach Risottoart (Rezept Seite 190), Rosmarinkartoffeln (Rezept Seite 192)

Zubereitung auch geeignet für:
Pouletbrüstchen: Je nach Grösse insgesamt 3–4 Minuten anbraten und 45–60 Minuten nachgaren. Fertiggaren: 5 Minuten in aufsteigender Hitze.
Truthahnschnitzel: Je nach Dicke insgesamt 2–3 Minuten anbraten und 15–20 Minuten nachgaren.
Kalbsschnitzel: Auf der ersten Seite je nach Dicke 1–1½ Minuten, auf der zweiten Seite nur noch 30–45 Sekunden anbraten und 20–30 Minuten nachgaren.
Kalbsmedaillons: Je nach Dicke insgesamt 2–3 Minuten anbraten und etwa 45 Minuten nachgaren. Fertiggaren: 4–5 Minuten in aufsteigender Hitze.
Schweinsfiletmedaillons: Gleiche Zubereitungsart wie Kalbsmedaillons.
Kalbs- oder Schweinskoteletts: 5 Minuten anbraten und 45–60 Minuten nachgaren. Fertiggaren: 6–7 Minuten in aufsteigender Hitze.
Doppeltes Kalbs- oder Schweinssteak: Ein Nierstück von 600–700 g halbieren und falls vorhanden den Fettdeckel wegschneiden. Die Fleischstücke je nach Dicke insgesamt 2–2½ Minuten rundum, auch an den Seitenrändern, anbraten und 1½ Stunden nachgaren. Fertiggaren: 5–6 Minuten in aufsteigender Hitze.
Lammrückenfilet: Je nach Dicke auf jeder Seite nur gerade 1–1½ Minuten anbraten und 50–60 Minuten nachgaren. Fertiggaren: 5 Minuten in aufsteigender Hitze.
Lammrack: Von allen Seiten insgesamt etwa 5 Minuten kräftig anbraten und 45–60 Minuten nachgaren. Fertiggaren: 6 Minuten in aufsteigender Hitze.
Lammhuft: Je nach Grösse 4–6 Minuten anbraten und 1–1¼ Stunden nachgaren. Fertiggaren: 6 Minuten in aufsteigender Hitze.
Rumpsteaks: Je nach Dicke und gewünschter Garstufe auf der ersten Seite 1 Minute, auf der zweiten Seite ¾–1½ Minuten braten und 20–30 Minuten nachgaren.

LAMMHUFT MIT PORTWEINSCHALOTTEN

Portwein ist nicht nur Aperitif und vor allem in Grossbritannien ein geschätzter Dessertwein, sondern lässt sich auch in der Küche für die Zubereitung von Saucen und zum Abschmecken von Bouillons verwenden. Weisser Port ist ein guter Ersatz für Sherry, da er zwar lieblich-aromatisch, aber nicht ausgeprägt süss schmeckt. Roter Portwein kann jung und fruchtig (ruby) oder gelagert und dadurch gehaltvoll (tawny) sein. Als Faustregel gilt: Für rotes Fleisch und kräftige Saucen roten, für helles Fleisch und elegante Saucen weissen Portwein verwenden.

Für 4 Personen

1 Esslöffel Senf
2 Esslöffel Olivenöl
schwarzer Pfeffer aus der Mühle
½ Bund Thymian
2 Knoblauchzehen
2 Stück Lammhuft, je etwa 200–250 g schwer
250 g Schalotten
1 Esslöffel Bratbutter
Salz
150 ml roter Portwein
1 Esslöffel Butter
150 ml Weisswein
1 Teelöffel Fleischextrakt oder ½ Teelöffel Bouillonpaste
150 ml Rahm
einige Tropfen Zitronensaft

1 Den Backofen auf 80 Grad vorheizen und eine Platte mitwärmen.

2 Senf, Olivenöl und Pfeffer verrühren. Die Thymianblättchen von den Zweigen zupfen und beifügen. Den Knoblauch dazupressen. Die Lammhüftchen rundum mit Marinade bestreichen.

3 Die Schalotten schälen, dabei die Zehen voneinander lösen, aber ganz belassen.

4 In einer Bratpfanne die Bratbutter erhitzen. Das Fleisch salzen und mitsamt der Marinade bei mittlerer Hitze rundum je nach Dicke 4–6 Minuten braten. Sofort auf die vorgewärmte Platte geben und im 80 Grad heissen Ofen 1–1¼ Stunden nachgaren lassen.

5 Den Bratensatz mit dem Portwein auflösen und leicht einkochen lassen. Durch ein feines Sieb in ein kleines Gefäss giessen. Beiseitestellen.

6 In einem kleineren Topf die Butter erhitzen. Die Schalotten darin 2–3 Minuten andünsten. Dann Bratenjus sowie Weisswein dazugiessen, den Fleischextrakt oder die Bouillonpaste beifügen und die Schalotten zugedeckt 10–12 Minuten knapp weich garen.

7 Den Deckel entfernen und die Flüssigkeit bei grosser Hitze auf knapp 100 ml einkochen lassen. Den Rahm beifügen und die Sauce noch so lange kochen lassen, bis sie leicht bindet. Am Schluss mit wenig Zitronensaft, frisch gemahlenem Pfeffer und wenn nötig Salz abschmecken.

8 Unmittelbar vor dem Servieren die Ofentemperatur auf 230 Grad erhöhen und die Lammhuft in aufsteigender Hitze 6 Minuten Temperatur annehmen lassen.

9 Gleichzeitig die Sauce nochmals erhitzen. Das Fleisch in dünne Scheiben aufschneiden, auf vorgewärmten Tellern anrichten und mit Sauce sowie Schalotten umgiessen.

Dazu passt: Wildreismischung, in Bratbutter gebratene kleine Schalenkartoffeln, Knollenselleriepüree mit Olivenpaste (Rezept Seite 182), Safranrisotto (Rezept Seite 179), Kürbis-Knoblauch-Püree (Rezept Seite 184), Polentacreme (Rezept Seite 185)

Zubereitung auch geeignet für:
Pouletbrüstchen: Je nach Grösse insgesamt 3–4 Minuten anbraten und 45–60 Minuten nachgaren. Fertiggaren: 5 Minuten in aufsteigender Hitze.
Entenbrust: Auf der Fettseite (Haut) 3 Minuten, dann auf der Fleischseite je nach Dicke der Brüstchen 1–2 Minuten anbraten und etwa 1 Stunde nachgaren. Fertiggaren: 5–6 Minuten in aufsteigender Hitze.
Schweinsfilet: Rundum insgesamt 4 Minuten anbraten und 1½–1¾ Stunden nachgaren. Fertiggaren: 5–6 Minuten in aufsteigender Hitze.
Lammrückenfilet: Je nach Dicke auf jeder Seite nur gerade 1–1½ Minuten anbraten und 50–60 Minuten nachgaren. Fertiggaren: 5 Minuten in aufsteigender Hitze.
Lammrack: Von allen Seiten insgesamt etwa 5 Minuten kräftig anbraten und 45–60 Minuten nachgaren. Fertiggaren: 6 Minuten in aufsteigender Hitze.
Entrecôte double: Das Fleisch (pro Stück 300–400 g schwer) je nach Dicke und gewünschter Garstufe rundum, auch kurz an den Enden, insgesamt 2½–3 Minuten kräftig anbraten, dann 1 Stunde (blutig) bis 1½ Stunden (rosa) nachgaren. Fertiggaren: 5 Minuten in aufsteigender Hitze.

TRUTHAHNBRUST MIT KNOBLAUCH-PILZ-SAUCE

Eine häufig gestellte Frage: Soll man rote Chili oder Peperoncino verwenden? Die ausgereiften italienischen Gewürzpaprikaschoten (Peperoncini) sind normalerweise weniger scharf als die kleinen exotischen Chilischoten. Daher kann man ohne weiteres einen ganzen Peperoncino verwenden, ohne dass das Gericht feurig scharf wird. Wünscht man eine ausgeprägte Schärfe, belässt man einen Teil der Kerne in der Schote. Übrigens: Getrocknet schmecken Peperoncini schärfer, vor allem wenn man sie längere Zeit mitkocht.

Für 6–8 Personen

1–2 ganze Knoblauchknollen, je nach Grösse
etwas Olivenöl zum Beträufeln
400 g Champignons
1 Schalotte
1 Peperoncino
800 g–1,2 kg Truthahnbrust
Salz, Pfeffer aus der Mühle
1 gehäufter Esslöffel Bratbutter
100 ml Noilly Prat (trockener französischer Wermut)
½ Esslöffel Butter
2 Esslöffel Olivenöl
100 ml Hühnerbouillon
¼ l Rahm
etwas Zitronensaft

1 Den Backofen auf 200 Grad vorheizen.

2 Von den Knoblauchknollen waagrecht einen Deckel abschneiden. Die Knollen in eine feuerfeste Form setzen und mit etwas Olivenöl beträufeln. Den Knoblauch im 200 Grad heissen Ofen in der Mitte etwa 30 Minuten backen. Herausnehmen. Die Ofentemperatur auf 80 Grad reduzieren und eine Platte mitwärmen.

3 Die Champignons grob hacken. Die Schalotte schälen und fein hacken. Den Peperoncino der Länge nach halbieren, entkernen und ebenfalls fein hacken.

4 Die Truthahnbrust mit Salz und Pfeffer kräftig würzen. In einer Bratpfanne die Bratbutter kräftig erhitzen. Die Truthahnbrust rundum je nach Dicke 8–10 Minuten anbraten. Sofort auf die vorgewärmte Platte geben und im 80 Grad heissen Ofen etwa 1½–2 Stunden nachgaren lassen. Den Bratensatz mit dem Noilly Prat auflösen und durch ein feines Sieb in ein kleines Gefäss giessen.

5 In der gleichen Pfanne Butter und Olivenöl kräftig erhitzen. Die Pilze darin bei grosser Hitze unter häufigem Wenden etwa 5 Minuten braten; entsteht Flüssigkeit, diese vollständig verdampfen lassen. Dann die Hitze etwas reduzieren, Schalotte und Peperoncino beifügen und alles weitere 3–4 Minuten dünsten.

6 Inzwischen die gerösteten Knoblauchknollen von Hand wie eine Tube ausdrücken, so dass die leeren Schalenhülsen zurückbleiben. Den Knoblauch mit dem beiseitegestellten Bratenjus, Bouillon und Rahm in einen hohen Becher geben und pürieren.

7 Die Knoblauchsauce zu den Pilzen geben und alles noch so lange kochen lassen, bis die Sauce leicht bindet. Mit Salz, Pfeffer und Zitronensaft abschmecken.

8 Unmittelbar vor dem Servieren die Ofentemperatur auf 230 Grad erhöhen und die Truthahnbrust 8 Minuten in aufsteigender Hitze Temperatur annehmen lassen.

9 Die Truthahnbrust in dünne Scheiben aufschneiden und auf vorgewärmten Tellern anrichten. Etwas Knoblauch-Pilz-Sauce darüber verteilen, den Rest separat dazu servieren.

Dazu passt: Erbsotto (Rezept Seite 191), Karotten mit grünen Oliven (Rezept Seite 178), Orientalischer Gemüsepilaw (Rezept Seite 181), Cherrytomaten-Basilikum-Bulgur (Rezept Seite 185), Geschmorte Artischocken mit Kräutern und Dörrtomaten (Rezept Seite 188)

Zubereitung auch geeignet für:
Runde Kalbsnuss: Rundum insgesamt 8–10 Minuten anbraten und etwa 2 Stunden nachgaren. Fertiggaren: 8 Minuten in aufsteigender Hitze.
Schweinsfilet: Rundum 4 Minuten anbraten, dann 1½–1¾ Stunden nachgaren. Fertiggaren: 5–6 Minuten in aufsteigender Hitze.
Schweins- oder Kalbsnierstück: Je nach Dicke des Fleischstücks 6–8 Minuten anbraten und 1½–1¾ Stunden nachgaren. Fertiggaren: 6–7 Minuten in aufsteigender Hitze.
Pouletbrüstchen: Auf jeder Seite je nach Grösse 1½–2 Minuten anbraten und 45–60 Minuten nachgaren. Fertiggaren: 5 Minuten in aufsteigender Hitze.

LIGURISCHER LAMMBRATEN

Ein hausgemachter Basilikumpesto dient nicht nur als Füllung für eine Lammschulter, die vom Metzger zum Rollen vorbereitet wurde, sondern auch als Würze für kleine Schalenkartoffeln, die man zusammen mit dem Fleisch garen lässt. Wenn es eilt oder in anderen Jahreszeiten als im Sommer, wenn kein Basilikum vorhanden ist, kann man auch einen gekauften Pesto verwenden. Je nach Konsistenz muss man ihn eventuell mit wenig Olivenöl verdünnen.

Für 5–6 Personen

Pesto:
80–100 g Basilikum
1 grosses Bund Petersilie
6 Knoblauchzehen
50 g Pinienkerne
ca. 150 ml Olivenöl
Salz, schwarzer Pfeffer aus der Mühle
800 g möglichst kleine Kartoffeln
Fleisch:
ca. 1 kg Lammschulter, vom Metzger zum Rollen vorbereitet
1 Esslöffel grobkörniger Senf

1 Für den Pesto die Basilikum- und Petersilienblätter grob schneiden. Die Knoblauchzehen schälen und in Scheibchen schneiden. Die Pinienkerne grob hacken. Alles mit dem Olivenöl in einen hohen Becher geben und mit dem Stabmixer zu einer dicken Paste pürieren; wenn nötig noch etwas Öl nachgiessen. Mit Salz und Pfeffer würzen.

2 Die Kartoffeln gründlich waschen. Dann ungeschält in Salzwasser 15–18 Minuten gut weich garen; man kann die Kartoffeln auch im Steamer im Dampf zubereiten.

3 Die Lammschulter auf der Arbeitsfläche flach auslegen. Wenn nötig unter Klarsichtfolie leicht dünner klopfen. Auf der Innenseite mit Senf bestreichen und mit Pfeffer würzen. Etwa die Hälfte der Basilikumpaste über der Senfschicht ausstreichen. Die Lammschulter satt aufrollen und mit Küchenschnur binden. Falls möglich, in Klarsichtfolie gewickelt 3–4 Stunden im Kühlschrank ziehen lassen.

4 Den Backofen auf 230 Grad vorheizen.

5 Den Lammbraten in eine ofenfeste Form oder in einen Bräter setzen und mit wenig Basilikumpesto bestreichen. Die gegarten Kartoffeln mit dem restlichen Pesto mischen und um das Fleisch herum verteilen. Alles mit Salz und Pfeffer würzen.

6 Die Lammschulter im 230 Grad heissen Ofen in der Mitte 10 Minuten anbraten. Dann die Temperatur auf 80 Grad reduzieren und das Fleisch in der absteigenden Hitze weitere 10 Minuten garen. Erst jetzt die Ofentüre 5 Minuten öffnen. Dann das Fleisch bei geschlossener Türe nochmals 50–60 Minuten bei 80 Grad nachgaren lassen.

7 Unmittelbar vor dem Servieren die Ofentemperatur wieder auf 230 Grad erhöhen und den Lammbraten 8 Minuten in aufsteigender Hitze Temperatur annehmen lassen.

8 Das Fleisch in dünne Scheiben aufschneiden und zusammen mit den Kartoffeln sowie etwas Jus aus der Form auf vorgewärmten Tellern anrichten.

Dazu passt: Karotten mit grünen Oliven (Rezept Seite 178) oder Geschmorte Artischocken mit Kräutern und Dörrtomaten (Rezept Seite 188)

Zubereitung auch geeignet für:
Truthahnbrust: Die Brust waagrecht zum Füllen aufschneiden, unter Klarsichtfolie leicht dünner klopfen, dann wie im Rezept beschrieben weiterfahren.

LAMMGIGOT MIT WEISSEN BOHNEN

Soll man Lammgigot «mit» Bein oder «ohne» Bein wählen? Gemeint ist hier der Oberschenkelknochen (das sogenannte Schlossbein wird ohnehin vom Metzger ausgelöst). Der viel dünnere Unterschenkel wird hingegen im Fleisch belassen; an ihm hält man den Gigot fest, um ihn am Tisch tranchieren zu können. Bedenken Sie, dass ein Gigot mit Bein eine längere Garzeit hat als einer ohne, denn der Knochen leitet Wärme nur schlecht. Deshalb ist ein mit dem Bein gegarter Gigot im Innern meist noch leicht blutig, was Kenner von Lammfleisch schätzen. Ein Gigot ohne Bein verkürzt in der Regel die Garzeit um etwa 1 Stunde.

Für 6–8 Personen

500 g getrocknete weisse Bohnen
Fleisch:
1 Lammgigot mit Bein, 2–2,3 kg schwer
4 Knoblauchzehen
Salz, schwarzer Pfeffer aus der Mühle
50 ml Olivenöl
100 ml Gemüsebouillon
100 ml Weisswein
Bohnen:
3 mittlere Zwiebeln
6 Knoblauchzehen
2 Esslöffel Butter
2 Lorbeerblätter
Salz
800 g gehackte Dosentomaten (Pelati)
1 Teelöffel frische abgezupfte Thymianblättchen

1 Die Bohnen über Nacht oder mindestens 6 Stunden in kaltem Wasser einweichen. Abschütten und abtropfen lassen.

2 Den Backofen auf 230 Grad vorheizen.

3 Vom Lammgigot möglichst alles sichtbare Fett wegschneiden. Mit einem scharfen Messer im Fleisch rundum kleine Einschnitte anbringen. Den Knoblauch schälen, in Stifte schneiden und diese in die Einschnitte stecken. Den Gigotbraten mit Salz und Pfeffer würzen. In einen Bräter oder in eine grosse feuerfeste Form legen.

4 In einem kleinen Topf das Olivenöl rauchheiss erhitzen. Sofort über den Lammgigot träufeln und diesen im 230 Grad heissen Ofen in der Mitte 12 Minuten anbraten. Dann die Ofentemperatur auf 80 Grad reduzieren und den Braten in absinkender Hitze je nach Dicke 3–3½ Stunden nachgaren lassen.

5 Nach ½ Stunde Garzeit Bouillon und Weisswein aufkochen. Mit etwa der Hälfte der Flüssigkeit den Gigot beträufeln. Danach etwa nach jeder halben Stunde den Gigot zuerst mit etwas des verbleibenden Weissweinsuds und später mit Jus aus der Form übergiessen.

6 Für die Bohnen Zwiebeln und Knoblauch schälen und fein hacken.

7 In einem grossen Topf die Hälfte der Butter schmelzen. Ein Drittel der Zwiebel-Knoblauch-Mischung darin andünsten. Die Bohnen beifügen, mit Wasser bedecken und aufkochen. Die Lorbeerblätter beifügen und die Bohnen zugedeckt 1 Stunde kochen lassen. Dann 1 Esslöffel Salz beifügen und die Bohnen noch so lange kochen lassen, bis sie weich sind (30–45 Minuten). Abschütten und gut abtropfen lassen.

8 Während die Bohnen kochen, in der restlichen Butter die restliche Zwiebel-Knoblauch-Mischung andünsten. Die gehackten Tomaten und den Thymian beifügen. Die Sauce mit Salz und Pfeffer würzen und 15 Minuten halb zugedeckt kochen lassen. Beiseitestellen.

9 Die weichen Bohnen und die Tomatensauce mischen und alles nochmals 15 Minuten kochen lassen. Mit Salz und Pfeffer abschmecken.

10 Unmittelbar vor dem Servieren die Ofentemperatur wieder auf 230 Grad erhöhen und den Gigot 8–10 Minuten in aufsteigender Hitze Temperatur annehmen lassen.

11 Den Gigot in Scheiben aufschneiden und mit etwas Jus aus der Form auf dem Bohnengemüse anrichten.

Dazu passt: Salzkartoffeln oder Rosmarinkartoffeln (Rezept Seite 192)

DAZU PASST: DIE SCHÖNSTEN BEILAGEN

Fleischgerichte leben von ihren Saucen – aber nicht nur! Die passende Beilage in Form von Reis, Kartoffeln, Gemüse und anderem mehr ist das Tüpfchen auf dem i eines vollendeten Gerichts.

KAROTTEN MIT GRÜNEN OLIVEN

Für 6 Personen als Beilage

1 kg Karotten
2–3 Esslöffel Olivenöl
2 Esslöffel Butter
Salz
80 g entsteinte grüne Oliven
1 Bund glattblättrige Petersilie
2 Knoblauchzehen
1 Esslöffel Butter
100 ml Rahm
schwarzer Pfeffer aus der Mühle

1 Die Karotten schälen, der Länge nach in nicht zu dünne Scheiben und diese in Stängelchen schneiden.

2. In einem weiten Topf Olivenöl und 2 Esslöffel Butter erhitzen. Die Karotten hineingeben, leicht salzen und unter gelegentlichem Wenden zugedeckt bei mittlerer bis kleiner Hitze im eigenen Saft etwa 15 Minuten weich dünsten.

3 Inzwischen in einem kleinen Topf ¼ l Wasser aufkochen. Die Oliven hineingeben und 2 Minuten blanchieren, das nimmt ihnen die leichte Bitterkeit. Sofort abschütten und gut abtropfen lassen. Dann die Oliven in Streifen schneiden.

4 Die Petersilienblätter von den Zweigen zupfen. Den Knoblauch schälen. Beides fein hacken.

5 Wenn die Karotten weich sind, nochmals 1 Esslöffel Butter, Petersilie und Knoblauch beifügen und 2–3 Minuten weiterdünsten. Dann die Oliven und den Rahm dazugeben und alles bei mittlerer Hitze noch 5 Minuten kochen lassen. Am Schluss mit Salz und frisch gemahlenem Pfeffer abschmecken.

KARAMELLISIERTER CHICORÉE

Für 4 Personen als Beilage

4 Chicorée (weisser Brüsseler)
40 g Butter
2 Esslöffel Zucker
1 Orange
50 ml Hühnerbouillon
Salz, Pfeffer aus der Mühle

1 Allfällige unschöne äussere Blätter des Chicorées ablösen, dann die Kolben der Länge nach halbieren und sorgfältig den sichtbaren weissen Strunk keilförmig so herausschneiden, dass die Blätter noch zusammenhalten. Den Chicorée warm abspülen.

2 In einem weiten Topf oder in einer beschichteten Bratpfanne die Butter erhitzen. Die Chicoréehälften mit der Schnittfläche nach unten darin andünsten. Dann den Zucker darüberstreuen und leicht karamellisieren lassen.

3 Inzwischen den Orangensaft auspressen. Mit der Bouillon zum Chicorée giessen und bei grosser Hitze fast vollständig einkochen lassen. Am Schluss den Chicorée mit Salz und Pfeffer abschmecken.

SAFRANRISOTTO

Für 6 Personen als Beilage

1 grosse Schalotte
1 Knoblauchzehe
ca. ½ l Hühnerbouillon
40 g Butter
2 Esslöffel Olivenöl
200 g Risottoreis (z.B. Carnaroli, Arborio, Vialone)
⅛ l Weisswein
1 Briefchen Safran
40 g geriebener Parmesan
Salz, schwarzer Pfeffer aus der Mühle

1 Schalotte und Knoblauch schälen und fein hacken.

2 In einem kleinen Topf die Bouillon aufkochen und warm halten.

3 In einem mittleren Topf die Hälfte der Butter sowie das Olivenöl erhitzen. Schalotte und Knoblauch darin glasig dünsten. Dann den Reis beifügen und so lange mitrösten, bis die Reiskörner zu knistern beginnen. Den Weisswein dazugiessen und unter ständigem Rühren vollständig vom Reis aufnehmen lassen.

4 Den Safran sowie knapp die Hälfte der heissen Bouillon beifügen. Unter häufigem Rühren vom Reis aufnehmen lassen. Bis hierhin kann der Risotto vorbereitet und zugedeckt bis etwa 8 Minuten vor dem Essen beiseitegestellt werden.

5 Bei vorgekochtem Risotto nun die ganze restliche Flüssigkeit auf einmal beigeben, nur gerade einmal umrühren und den Risotto kräftig aufkochen. Dann bei kleinster Hitze fertig ausquellen lassen; wenn nötig noch etwas Wasser nachgiessen.

6 Kocht man den Risotto frisch, wird die restliche warme Bouillon schöpflöffelweise beigefügt, bis der Risotto bissfest und noch sehr feucht in der Konsistenz ist. Die genaue Flüssigkeitsmenge hängt von der Reissorte und der Kochtemperatur ab.

7 Am Schluss die restliche Butter sowie den Parmesan daruntermischen und den Risotto mit Salz sowie Pfeffer abschmecken. Zugedeckt noch 1–2 Minuten stehen lassen, dann sofort servieren.

GEMÜSE-COUSCOUS

Für 6 Personen als Beilage

500 g Couscous
1 grosse Staude Stangensellerie
1 Zwiebel
2–3 Esslöffel Olivenöl
400 g Dosentomaten (Pelati)
¼ l Gemüsebouillon
Salz
½ Teelöffel gemahlener Kreuzkümmel
½ Teelöffel Cayennepfeffer
1 Esslöffel Zitronensaft
1 Dose Kichererbsen (abgetropft 285 g)
2 Esslöffel Butter

1 Einen Topf mit Dämpfaufsatz oder mit einem grossen groben Sieb, das möglichst genau in den Topf passt, bereitstellen. Dämpfaufsatz oder Sieb mit einem Küchentuch auslegen und den Couscous hineingeben. Gründlich mit heissem Wasser spülen und gut abtropfen lassen.

2 Vom Stangensellerie schönes Grün beiseitelegen. Die Selleriezweige in etwa 5 cm lange Stücke schneiden. Die Zwiebel schälen und fein hacken.

3 Im Topf das Olivenöl erhitzen und die Zwiebel darin andünsten. Den Stangensellerie beifügen und kurz mitdünsten. Die Tomaten mitsamt Saft sowie die Bouillon beifügen. Alles aufkochen und mit Salz, Kreuzkümmel, Cayennepfeffer und Zitronensaft pikant-scharf abschmecken. Zuletzt die Kichererbsen daruntermischen und alles aufkochen.

4 Den Dämpfaufsatz oder das Sieb mit dem Couscous auf den Topf mit der kochenden Gemüse-Kichererbsen-Mischung setzen und alles zugedeckt etwa 30 Minuten garen. Den Couscous zwischendurch immer wieder mit einer Gabel gut auflockern.

5 Vor dem Servieren die Butter in Flocken unter den Couscous mischen. Diesen bergartig auf eine grosse Platte geben. Das Gemüse aus der Tomatensauce heben, rundum anrichten und alles mit Sauce beträufeln.

ORIENTALISCHER GEMÜSEPILAW

Für 4–5 Personen als Beilage

Salz
200 g Parboiled-Langkornreis
1 Zucchetti
1 kleine Aubergine
1 rote Peperoni (Paprika)
1 kleine Zwiebel
1 Knoblauchzehe
4 Esslöffel Olivenöl
schwarzer Pfeffer aus der Mühle
1 Teelöffel edelsüsses Paprikapulver
½ Teelöffel gemahlener Kreuzkümmel
2 Messerspitzen gemahlener Kardamom
2 Messerspitzen gemahlener Zimt

1 Gut 1 Liter Wasser aufkochen. Salzen, den Reis beifügen und etwa 12 Minuten nicht zu weich garen. In ein Sieb abschütten, gründlich kalt abschrecken und gut abtropfen lassen.

2 Inzwischen Zucchetti, Aubergine und die entkernte Peperoni in kleine Würfelchen schneiden. Zwiebel und Knoblauchzehe schälen und hacken.

3 In einem grossen Topf das Olivenöl erhitzen. Zwiebel und Knoblauch darin glasig dünsten. Dann Zucchetti-, Auberginen- und Peperoniwürfelchen beifügen, mit Salz sowie Pfeffer würzen und unter gelegentlichem Wenden 4–5 Minuten dünsten. Den Reis dazugeben, alle weiteren Gewürze darüberstäuben und 3–4 Minuten mitbraten. Wenn nötig am Schluss nochmals mit Salz, Pfeffer und den verwendeten Gewürzen abschmecken.

QUARK-GRIESS-GNOCCHI

Für 4–5 Personen als Beilage

250 g Magerquark
2 Eier
Salz, Pfeffer aus der Mühle
1 Bund glattblättrige Petersilie
1 Bund Schnittlauch
150 g feiner Maisgriess
40 g geriebener Sbrinz oder Parmesan
50 g Butter
nach Belieben Sbrinz- oder Parmesanspäne zum Garnieren

1 Den Quark mit den Eiern glatt rühren und mit Salz sowie Pfeffer würzen.

2 Die Petersilienblätter von den Zweigen zupfen und fein hacken. Den Schnittlauch in feine Röllchen schneiden. Beides mit dem Maisgriess und dem Käse unter die Quarkmasse rühren. Diese mit Klarsichtfolie abdecken und mindestens ½ Stunde ausquellen lassen.

3 In einem mittleren Topf reichlich Salzwasser aufkochen. In einer beschichteten Bratpfanne die Butter schmelzen und warm halten.

4 Mit 2 grösseren Teelöffeln oder kleinen Esslöffeln aus der Quarkmasse Nocken formen und diese ins heisse Wasser gleiten lassen. Das Wasser darf aber auf keinen Fall kochen, sonst zerfallen die Gnocchi. Wichtig: Die Löffel zwischendurch immer wieder ins Kochwasser tauchen, damit sich die Nocken besser vom Löffel lösen. Nicht zu viele Nocken auf einmal garen, besser in 3–4 Portionen zubereiten. Sobald die Nocken nach oben steigen, noch etwa 5 Minuten ziehen lassen. Dann mit einer Schaumkelle herausheben und gut abtropfen lassen. In die Bratpfanne mit der geschmolzenen Butter geben und kurz schwenken.

Nach Belieben die Gnocchi zum Servieren mit Sbrinz- oder Parmesanspänen garnieren.

MANDELSPÄTZLI

Für 6 Personen als Beilage

300 g Mehl
150 ml kohlensäurehaltiges Mineralwasser
1 gehäufter Teelöffel Salz
3 Eier
50 g Mandelblättchen
80 g Butter

1 Das Mehl in eine Schüssel sieben. Das Mineralwasser mit dem Salz und den Eiern verquirlen, zum Mehl giessen und alles zu einem Teig schlagen, bis dieser ganz glatt ist und Blasen wirft. Bei Zimmertemperatur etwa 30 Minuten ausquellen lassen.

2 In einem grossen Topf reichlich Salzwasser aufkochen. Eine Schüssel mit kaltem Wasser bereitstellen.

3 Den Teig in der Schüssel über den Topf mit dem leicht kochenden Salzwasser halten und direkt vom Schüsselrand mit einem Messer, das man immer wieder ins Kochwasser taucht, Streifen abschneiden und in die Kochflüssigkeit gleiten lassen. Wichtig: Portionenweise arbeiten, denn wenn man zu viele Spätzli auf einmal ins Kochwasser gibt, können sie zusammenkleben. Sobald die Spätzli an die Oberfläche steigen, mit einer Schaumkelle herausheben und in die Schüssel mit dem kalten Wasser geben.

4 Kurz vor dem Servieren in einer beschichteten Bratpfanne die Mandelblättchen leicht goldbraun rösten. Dann die Butter beifügen und aufschäumen lassen. Die gut abgetropften Spätzli dazugeben und unter gelegentlichem Wenden leicht anbraten.

Tipp:
Man kann die Spätzli nach dem vollständigen Erkalten im Wasserbad gut abtropfen lassen und in einer grossen Vorratsdose 4–5 Tage im Kühlschrank aufbewahren.

KNOLLENSELLERIEPÜREE MIT OLIVENPASTE

Für 4–6 Personen als Beilage

600 g Knollensellerie
1 grosse Kartoffel
Salz
75 ml feinstes Olivenöl
2 Esslöffel grüne Olivenpaste
schwarzer Pfeffer aus der Mühle

1 Den Sellerie schälen und je nach Grösse in Sechstel oder Achtel schneiden. Die Kartoffel ebenfalls schälen und in Stücke schneiden. Beides in reichlich Salzwasser sehr weich garen. Man kann den Sellerie und die Kartoffeln auch im Steamer dämpfen.

2 Sellerie und Kartoffel abschütten, in den Topf zurückgeben und bei kleiner Hitze kurz trockendämpfen.

3 In einem zweiten Topf das Olivenöl und die Olivenpaste erwärmen. Sellerie und Kartoffel beifügen und mit dem Stabmixer gründlich pürieren. Das Püree mit Salz und reichlich Pfeffer abschmecken und nur noch heiss werden lassen. Sofort servieren.

Tipp:
Will man das Püree vorbereiten, stellt man den gekochten Sellerie und die Kartoffel im Sud im Kochtopf beiseite. Vor dem Servieren noch einmal aufkochen, dann trockendämpfen und nach Rezept fertigstellen.

GESTÜRZTER SPINAT-TOMATEN-RISOTTO

Für 6 Personen als Beilage

1 Zwiebel
1 Knoblauchzehe
4 Esslöffel Olivenöl
250 g Parboiled-Risottoreis
100 ml Weisswein
400 ml Hühnerbouillon
150 g tiefgekühlter Blattspinat, aufgetaut
12 Cherrytomaten
Salz, schwarzer Pfeffer aus der Mühle
1 Esslöffel Butter
25 g frisch geriebener Parmesan

1 Zwiebel und Knoblauch schälen und fein hacken.

2 In einer Pfanne das Olivenöl erhitzen. Zwiebel und Knoblauch darin glasig dünsten. Den Reis beifügen und kurz mitrösten. Den Weisswein dazugiessen und unter Rühren vollständig vom Reis aufnehmen lassen. Dann die Hälfte der Bouillon beifügen und zugedeckt unter gelegentlichem Umrühren vom Reis aufnehmen lassen.

3 Inzwischen den Spinat sehr gut ausdrücken und grob hacken. Die Cherrytomaten vierteln und mit Salz und Pfeffer würzen. Bis hierher kann das Gericht vorbereitet werden. Den Reis in der Pfanne zugedeckt beiseitestellen.

4 6 kleine Tassen oder Förmchen mit Butter ausstreichen.

5 Kurz vor dem Servieren die restliche Bouillon zum Reis geben, unter Rühren aufkochen und den Reis fertig ausquellen lassen. Sobald er bissfest ist, Spinat, Cherrytomaten und Butter darunterrühren und gut heiss werden lassen. Am Schluss den Parmesan daruntermischen und den Risotto mit Salz und Pfeffer abschmecken.

6 Den Risotto satt in die Förmchen füllen und diese direkt auf die Teller stürzen.

KÜRBIS-KNOBLAUCH-PÜREE

Für 5–6 Personen als Beilage

1 Knoblauchknolle
Salz, schwarzer Pfeffer aus der Mühle
Olivenöl zum Beträufeln
2 mehlig kochende Kartoffeln (ca. 250 g)
1,2 kg Kürbis
100 ml Milch
30 g Butter
1 grosse Prise Muskatnuss

1 Den Backofen auf 200 Grad vorheizen.

2 Das obere Drittel der Knoblauchknolle waagrecht abschneiden. Die Knolle auf ein Stück Alufolie setzen, die Schnittfläche mit Salz und Pfeffer würzen und mit etwas Olivenöl beträufeln. Die Folie satt verschliessen.

3 Die Kartoffeln ebenfalls einzeln in Alufolie verpacken.

4 Vom Kürbis Kerne und schwammiges Fleisch entfernen, jedoch nicht schälen. Dann den Kürbis in dicke Schnitze oder Stücke schneiden. Auf ein mit Backpapier belegtes Blech geben, mit Salz und Pfeffer würzen und mit Olivenöl beträufeln. Die Knoblauch- und Kartoffelpakete danebenlegen.

5 Alles im 200 Grad heissen Ofen in der Mitte etwa 1 Stunde backen. Den Kürbis je nach Sorte eventuell bereits etwas früher aus dem Ofen nehmen.

6 Den gebackenen, noch warmen Kürbis von der Schale schneiden und in kleine Stücke teilen. In einen Topf geben. Die Kartoffeln schälen, ebenfalls klein schneiden und beifügen. Den weich gegarten Knoblauch aus der Knolle dazudrücken.

7 In einem kleinen Topf oder in der Mikrowelle die Milch mit Butter, Muskatnuss, Salz und Pfeffer erhitzen. Zur Kürbismischung giessen und alles mit dem Stabmixer pürieren. Das Püree unter kräftigem Rühren nochmals gut erhitzen und wenn nötig nachwürzen.

Tipp:
Das Kürbis-Knoblauch-Püree kann auf kleinster Stufe auf dem Herd oder in einer Schüssel zugedeckt im heissen Wasserbad bis zu 2 Stunden warm gehalten werden.

CHERRYTOMATEN-BASILIKUM-BULGUR

Für 4–5 Personen als Beilage

300 ml Hühnerbouillon
150 g Bulgur
2 Knoblauchzehen
2–3 Frühlingszwiebeln, je nach Grösse
300 g Cherrytomaten
Salz, schwarzer Pfeffer aus der Mühle
5–6 Esslöffel Olivenöl
1 kleines Bund Basilikum

1 In einem Topf die Bouillon aufkochen. Den Bulgur einrühren, nochmals aufkochen, dann zugedeckt auf der ausgeschalteten Herdplatte etwa 20 Minuten ausquellen lassen.

2 Inzwischen die Knoblauchzehen schälen und in dünne Scheibchen schneiden. Die Frühlingszwiebeln mitsamt schönem Grün fein hacken. Die Cherrytomaten je nach Grösse halbieren oder vierteln und die Schnittflächen mit Salz und Pfeffer würzen.

3 In einem weiten Topf das Olivenöl erhitzen. Knoblauch und Frühlingszwiebeln darin 5 Minuten dünsten. Dann die Cherrytomaten beifügen und alles zugedeckt bei kleiner Hitze nochmals etwa 5 Minuten dünsten. Beiseitestellen.

4 Das Basilikum fein hacken.

5 Vor dem Servieren das Basilikum zu den Cherrytomaten geben und diese nochmals kräftig erhitzen. Den Bulgur beifügen und alles nur noch gut heiss werden lassen.

POLENTACREME

Für 4–6 Personen als Beilage

¾ l Hühner- oder Gemüsebouillon
1 Esslöffel Butter
125 g mittelfeiner Maisgriess
50 ml Rahm
2 Esslöffel geriebener Parmesan
Salz, schwarzer Pfeffer aus der Mühle

1 In einem Topf die Bouillon mit der Butter aufkochen. Den Maisgriess unter Rühren einrieseln lassen. Auf kleinster Hitze unter gelegentlichem Rühren 3–4 Minuten quellen lassen. Dann die Herdplatte ausschalten und die Polenta bis zum Servieren zugedeckt stehen lassen.

2 Vor dem Anrichten wenn nötig nochmals etwas Flüssigkeit sowie den Rahm beifügen, kräftig mit einer Kelle durchrühren, bis wieder eine glatte, relativ cremige Masse entstanden ist, dann nochmals gut erhitzen. Den Käse daruntermischen und die Polenta mit Salz und Pfeffer abschmecken.

IN DER FOLIE GEBACKENE KRÄUTERKARTOFFELN

Für 4–6 Personen

800 g möglichst kleine Kartoffeln (z.B. Amandine, La Ratte usw.)
4 Knoblauchzehen
1 Bund glattblättrige Petersilie
je 4 grosse Zweige Estragon und Dill
80 g Butter
Himalajasalz aus der Mühle oder Fleur de Sel

1 Ein gut 60 cm langes Stück extrastarke Alufolie bereitlegen oder 2 Lagen normale Alufolie derselben Länge aufeinander legen. Den Backofen auf 200 Grad vorheizen.

2 Die Kartoffeln kurz waschen und abtropfen lassen. Auf die eine Hälfte der Folie geben.

3 Die Knoblauchzehen schälen und halbieren. Petersilie, Estragon und Dill grob schneiden. Alles über die Kartoffeln verteilen. Die Butter in Flocken darüber verteilen und die Kartoffeln kräftig mit Salz würzen. Die andere Folienhälfte über die Kartoffeln legen und die Ränder gut verschliessen. Das Paket auf ein Blech legen.

4 Die Kartoffeln im 200 Grad heissen Ofen auf der zweituntersten Rille schieben und etwa 45 Minuten backen.

Niedertemperaturgaren
Als Beilage zu Fleisch, das mit der Niedertemperatur-Garmethode zubereitet wird, nach 40 Minuten die Temperatur auf 80 Grad einstellen, die Ofentüre öffnen und die Hitze auf 80 Grad absinken lassen. Dann das angebratene Fleisch neben die Kartoffeln geben und wie im Rezept beschrieben fertig garen.

KERBELRISOTTO

Für 4 Personen als Beilage

2 Frühlingszwiebeln
2 Bund Kerbel
1 Esslöffel Butter
2 Esslöffel Olivenöl
150 g Risottoreis (z.B. Carnaroli oder Arborio)
100 ml Noilly Prat (trockener französischer Wermut)
ca. 300 ml Hühner- oder Gemüsebouillon
3–4 Esslöffel Doppelrahm
30 g frisch geriebener Parmesan
Salz, schwarzer Pfeffer aus der Mühle

1 Die Frühlingszwiebeln mitsamt schönem Grün fein hacken. Die Kerbelblättchen von den Stielen zupfen und grob hacken.

2 In einem Topf Butter und Olivenöl erhitzen. Die Frühlingszwiebeln darin glasig dünsten. Dann den Reis beifügen und kurz mitrösten, bis die Körner zu knistern beginnen. Mit dem Noilly Prat und knapp der Hälfte der Bouillon ablöschen. Alles bei mittlerer Hitze unter häufigem Rühren kochen lassen, bis der Reis die Flüssigkeit aufgenommen hat. Bis hierher kann der Risotto vorbereitet werden. Zugedeckt beiseitestellen.

3 Kurz vor dem Servieren die restliche Bouillon auf einmal dazugiessen und nur ganz kurz umrühren. Den Risotto aufkochen und zugedeckt bei mittlerer Hitze bissfest fertig garen. Am Schluss Doppelrahm, Parmesan und Kerbel daruntermischen und den Risotto mit Salz und Pfeffer abschmecken. Noch 1–2 Minuten zugedeckt stehen lassen, dann servieren.

SPINATKÜCHLEIN

Für 4 Personen als Beilage

600 g frischer Spinat oder ca. 400 g tiefgekühlter Blattspinat
100 g Champignons
2 Schalotten
1 Knoblauchzehe
25 g Butter
1 Esslöffel Doppelrahm
2 Esslöffel Mehl
1 Ei
Salz, Pfeffer aus der Mühle, Muskatnuss
Zum Fertigstellen:
2 Eier
4 Esslöffel Mehl
75 g Paniermehl
2 Esslöffel Bratbutter

1 Frischen Spinat gründlich waschen. Tropfnass in einen Topf geben und so lange dünsten, bis er zusammengefallen ist. In ein Sieb abschütten und gut auspressen. Mit dem Wiegemesser grob hacken.

2 Die Champignons kurz kalt abspülen, wenn nötig die Stiele etwas zurückschneiden und die Pilze fein hacken. Schalotten und Knoblauch schälen und ebenfalls fein hacken.

3 In einer beschichteten Bratpfanne die Butter schmelzen. Schalotten und Knoblauch darin hellgelb dünsten. Die Hitze auf höchste Stufe stellen. Die Champignons beifügen und mitdünsten; ziehen sie Saft, diesen vollständig einkochen lassen. Dann den Doppelrahm beifügen und alles noch einen Moment weiterdünsten; am Schluss soll praktisch keine Flüssigkeit mehr vorhanden sein.

4 Die Champignonmasse, Spinat und Mehl in eine Schüssel geben. Das Ei verquirlen und beifügen. Alles gut mischen und die Masse pikant mit Salz, Pfeffer sowie Muskat würzen.

5 Zum Fertigstellen 3 Suppenteller bereitstellen. Im ersten Teller die Eier gut verquirlen. In den zweiten Teller das Mehl, in den dritten das Paniermehl geben.

6 Aus der Spinatmasse 8 Küchlein formen. Diese zuerst im Mehl, dann im Ei und zuletzt im Paniermehl wenden.

7 In einer beschichteten Bratpfanne die Bratbutter erhitzen. Die Spinatküchlein darin golden braten. Nach Belieben bis zum Servieren neben dem Fleisch im 80 Grad heissen Ofen warm stellen und allenfalls mit diesem in der aufsteigenden Hitze wieder Temperatur annehmen lassen.

GESCHMORTE ARTISCHOCKEN MIT SPECK, KRÄUTERN UND DÖRRTOMATEN

Für 4 Personen als Beilage

1 Zitrone
4 grosse oder 8–10 mittlere Artischocken
50 g in Öl eingelegte Dörrtomaten
50 g Rohessspeckscheiben
2 Frühlingszwiebeln
1 grosses Bund glattblättrige Petersilie
2 Knoblauchzehen
6–7 Esslöffel Olivenöl
100 ml Weisswein
100 ml Gemüsebouillon
Salz, schwarzer Pfeffer aus der Mühle
wenig Zitronensaft zum Abschmecken

1 Den Saft der Zitrone auspressen und zusammen mit kaltem Wasser in eine Schüssel geben.

2 Von grossen Artischocken den Stielansatz flach schneiden. Bei den kleineren italienischen Artischocken den Stiel mit einer Drehung herausbrechen; damit werden gleichzeitig auch die zähen Fasern aus dem Artischockenboden herausgezogen. Dann je etwa 4 Lagen der äusseren, harten Blätter entfernen. Anschliessend je nach Artischockensorte die restlichen Blätter zu zwei Dritteln beziehungsweise bis zum Rand des Bodens abschneiden. Den Boden umgedreht auf die Arbeitsfläche legen und grüne Stellen beziehungsweise zähe Blätter wegschneiden. Zuletzt die inneren kleinen, leicht dornigen Blättchen sowie das Heu herauslösen. Am besten geht dies mit einem kleinen gebogenen Schälmesser oder einem Kugelausstecher. Die Artischocken in etwa 1 cm dicke Scheiben schneiden und sofort in die Schüssel mit dem Zitronenwasser geben, damit sie sich nicht verfärben.

3 Dörrtomaten und Speck in Streifchen schneiden. Die Frühlingszwiebeln mitsamt schönem Grün in dünne Ringe schneiden. Die Petersilienblätter von den Zweigen zupfen und hacken. Die Knoblauchzehen schälen und in Scheibchen schneiden.

4 Die Artischocken in ein Sieb abschütten, kalt abspülen und abtropfen lassen.

5 In einem Topf das Olivenöl erhitzen. Dörrtomaten und Speck darin leicht anbraten. Artischocken, Frühlingszwiebeln und Knoblauch beifügen und kräftig andünsten. Dann Petersilie, Weisswein und Bouillon beifügen und die Artischocken zugedeckt bei mittlerer Hitze 10–12 Minuten weich garen. Am Schluss den Deckel entfernen und die noch vorhandene Flüssigkeit fast vollständig einkochen lassen. Die Artischocken mit Salz, Pfeffer und Zitronensaft abschmecken.

Das Artischockengemüse schmeckt sowohl heiss, lauwarm wie auch ausgekühlt, aber noch zimmerwarm.

SCHUPFNUDELN

Für 6 Personen als Beilage

600 g mehlig kochende Kartoffeln
75 g Butter
225 g Mehl
3 Eigelb
Salz, schwarzer Pfeffer aus der Mühle, Muskatnuss
50 g Bratbutter

1 Die Kartoffeln in der Schale in nicht zu viel Wasser oder im Steamer im Dampf weich kochen.

2 Inzwischen in einem kleinen Topf die Butter schmelzen.

3 Die Kartoffeln noch heiss schälen. Sofort durch ein Sieb in eine Schüssel streichen oder durch die Kartoffelpresse treiben. Mehl, Eigelbe und flüssige Butter beifügen, die Masse mit Salz, Pfeffer und etwas Muskat würzen, dann mit einem Gummispachtel zu einem glatten Teig zusammenfügen.

4 Den Teig in 4 Portionen teilen und jeweils zu einer langen Rolle formen. Davon kleine Stücke abschneiden und diese zwischen den Handflächen zu kleinen, an den Enden zugespitzten Würstchen formen. Auf ein bemehltes Küchentuch legen; darauf achten, dass sich die Schupfnudeln nicht berühren, sonst kleben sie zusammen.

5 Reichlich Salzwasser aufkochen. Eine grosse Schüssel mit kaltem Wasser bereitstellen.

6 Die Schupfnudeln portionenweise in das leicht kochende Wasser geben. Sobald sie an die Oberfläche steigen, mit einer Schaumkelle herausheben und in die Schüssel mit dem kalten Wasser geben.

7 Wenn alle Schupfnudeln gegart und abgekühlt sind, die Schupfnudeln mit der Schaumkelle herausheben und auf einem Küchentuch abtropfen lassen. Bis hierher können die Schupfnudeln bereits am Vortag zubereitet werden.

8 Kurz vor dem Servieren in einer beschichteten Bratpfanne die Bratbutter erhitzen. Die Schupfnudeln darin rundum goldbraun braten.

PISTAZIEN-ZITRONEN-REIS

Für 4 Personen als Beilage

200 g Parboiled-Langkornreis
50 g grüne Pistazienkerne
50 g Butter
1 unbehandelte Zitrone

1 In einem Topf reichlich Salzwasser aufkochen. Den Reis beifügen und nur so lange kochen lassen, bis er noch sehr körnig ist.

2 Den Reis in ein Sieb abschütten und über Dampf warm halten oder in einer Gratinform im auf 80 Grad vorgeheizten Ofen etwa 30 Minuten trocknen lassen. Von Zeit zu Zeit mit einer Gabel regelmässig lockern.

3 Die Pistazien grob hacken.

4 Kurz vor dem Servieren in einer beschichteten Bratpfanne die Butter schmelzen. Die Pistazien beifügen und leicht rösten. Die Schale der Zitrone fein dazureiben und kurz mitdünsten. Dann den gekochten Reis beifügen, alles gut mischen und auf einer vorgewärmten Platte anrichten.

KAROTTENPÜREE MIT GRÜNEM PFEFFER

Für 4–5 Personen als Beilage

800 g Karotten
200 g mehlig kochende Kartoffeln
Salz
1 Bund glattblättrige Petersilie
1 gehäufter Teelöffel eingelegter grüner Pfeffer
60 g Butter

1 Die Karotten schälen und in Scheiben schneiden. Die Kartoffeln ebenfalls schälen und in grosse Würfel schneiden. Beides in einem Topf in nicht zu viel Salzwasser weich kochen.

2 Inzwischen die Petersilie fein hacken. Die Pfefferkörner in einem Sieb unter warmem Wasser kurz spülen, dann ebenfalls hacken.

3 Die Karotten und Kartoffeln abschütten, dabei etwa 100 ml Kochflüssigkeit auffangen. Das Gemüse in den Topf zurückgeben. Die Hälfte der zurückbehaltenen Kochflüssigkeit, den grünen Pfeffer sowie die Butter beifügen. Alles mit dem Stabmixer fein pürieren. Wenn nötig mit etwas Kochflüssigkeit verdünnen. Die Petersilie beifügen und das Karottenpüree wenn nötig mit Salz abschmecken. Nur noch gut heiss werden lassen und servieren.

KARTOFFELN NACH RISOTTOART

Für 4–6 Personen als Beilage

1 Zwiebel
1 Knoblauchzehe
1 Bund glattblättrige Petersilie
250 g Petersilienwurzeln oder Knollensellerie
600 g fest kochende Kartoffeln
1 Esslöffel Butter
ca. 400 ml Gemüsebouillon
Zum Fertigstellen:
25 g Butter
50 g frisch geriebener Parmesan
Salz, Pfeffer aus der Mühle, Muskatnuss

1 Zwiebel und Knoblauch schälen und fein hacken. Die Petersilie fein hacken. Die Petersilienwurzeln oder den Sellerie sowie die Kartoffeln schälen und klein würfeln.

2 In einem Topf die Butter erhitzen. Zwiebel und Knoblauch darin glasig dünsten. Die Petersilienwurzeln oder den Sellerie beifügen und 100 ml Gemüsebouillon dazugiessen. Alles zugedeckt 5 Minuten dünsten. Dann die Kartoffeln und die restliche Bouillon beifügen; die Kartoffeln sollen knapp bedeckt sein. Alles zugedeckt etwa 15 Minuten weich kochen.

3 Wenn die Kartoffeln weich sind, Butter, gehackte Petersilie und Parmesan sorgfältig daruntermischen und mit Salz, Pfeffer sowie Muskat abschmecken.

ERBSOTTO

Für 4–6 Personen als Beilage

1 Zwiebel
1 Knoblauchzehe
4 Esslöffel Olivenöl
300 g Gelberbsen
600 ml Wasser
2 Briefchen Safran
250 g tiefgekühlte Erbsen
1 Bund glattblättrige Petersilie
1 Gemüse- oder Hühnerbouillonwürfel
100 ml Rahm
Salz, schwarzer Pfeffer aus der Mühle
4 Esslöffel frisch geriebener Parmesan

1 Zwiebel und Knoblauchzehe schälen und fein hacken.

2 In einem Topf das Olivenöl erhitzen. Zwiebel und Knoblauch darin glasig dünsten. Die Gelberbsen beifügen, kurz mitdünsten, dann das Wasser dazugiessen. Den Safran beigeben und alles zugedeckt bei kleiner Hitze etwa 1 Stunde leise kochen lassen; gelegentlich umrühren.

3 Inzwischen die grünen Erbsen auftauen lassen. Die Petersilie hacken.

4 Wenn die Gelberbsen weich sind, den Bouillonwürfel, die grünen Erbsen und die Petersilie beifügen. Den Rahm dazugiessen, alles mit Salz sowie Pfeffer abschmecken und noch 5 Minuten kochen lassen.

5 Unmittelbar vor dem Servieren den Käse daruntermischen. Sofort servieren.

Tipp:
Dies ist eine originelle Beilage zu Bratwürsten, Rippli (Kasseler), Lammkoteletts, Lammrücken- oder Schweinsfilet, kann aber auch ein vollwertiges Essen sein, zu dem es höchstens noch einen Salat braucht.

ROSMARINKARTOFFELN

Für 4–6 Personen als Beilage

800 g kleine Kartoffeln
50 ml Olivenöl
Salz, schwarzer Pfeffer aus der Mühle
2 Zweige Rosmarin

1 Die Kartoffeln unter fliessendem Wasser gründlich waschen und auf einem Küchentuch trocknen. Dann die Kartoffeln ungeschält vierteln.

2 In einer Bratpfanne das Olivenöl erhitzen. Die Kartoffeln beifügen, mit Salz und Pfeffer würzen und in der offenen Pfanne 10 Minuten braten.

3 Inzwischen die Rosmarinnadeln von den Zweigen zupfen und fein hacken.

4 Nach 10 Minuten Bratzeit den Rosmarin über die Kartoffeln streuen und diese zugedeckt weitere 10–12 Minuten fertig braten; sie sollen weich und goldbraun sein.

KARTOFFELKÜCHLEIN MIT SPINAT

Für 4–6 Personen als Beilage

800 g mehlig kochende Kartoffeln
Salz
200 g tiefgekühlter Blattspinat, aufgetaut
1 Zwiebel
1 Esslöffel Butter
schwarzer Pfeffer aus der Mühle
40 g Butter
2 Eigelb
1 Prise frisch geriebene Muskatnuss
etwas Mehl zum Formen
1–1½ Esslöffel Bratbutter

1 Die Kartoffeln schälen und je nach Grösse in Viertel oder Sechstel schneiden. In einen Topf geben, leicht salzen und zu zwei Dritteln mit Wasser bedecken. Zugedeckt weich kochen. Man kann die Kartoffeln auch im Steamer im Dampf garen.

2 Inzwischen den Spinat gut ausdrücken und mittelgrob hacken. Die Zwiebel schälen und fein hacken.

3 In einem kleinen Topf 1 Esslöffel Butter erhitzen. Die Zwiebel darin glasig dünsten. Den Spinat beifügen, mit Salz und Pfeffer würzen und noch 2–3 Minuten dünsten. Beiseitestellen.

4 Das Kochwasser der Kartoffeln abgiessen. Die Kartoffeln auf die Herdplatte zurückstellen und bei kleiner Hitze möglichst trockendämpfen, so dass sie fast zerfallen. Dann durch das Passevite oder die Kartoffelpresse in eine Schüssel drücken. Butter (40 g) und Eigelbe unter die noch heisse Masse rühren. Zuletzt den Spinat beifügen und alles mit Salz, Pfeffer und Muskat abschmecken.

5 Etwas Mehl auf die Arbeitsfläche geben. Aus der Kartoffelmasse 2 Rollen von etwa 4 cm Durchmesser formen. In Folie gewickelt mindestens ½ Stunde, besser aber länger kühl stellen.

6 Kurz vor dem Servieren die Kartoffelrollen in dicke Scheiben schneiden; dazu das Messer immer wieder in heisses Wasser tauchen.

7 In einer beschichteten Bratpfanne die Bratbutter erhitzen. Die Kartoffelküchlein darin von beiden Seiten goldbraun braten.

REZEPTVERZEICHNIS

FLEISCH

Entenbrust auf Kastanienragout 163
Entenbrüstchen mit Steinpilz-Hollandaise 101
Entrecôte double mit Haselnusssauce 72
Entrecôte double mit Marsalaschaum 109
Hirschentrecôte mit Glühweinsauce 76
Hohrückensteaks mit Cherrytomatensauce 167
Kalbfleisch, geschnetzelt, mit Morchel-Kerbel-Sauce 28
Kalbfleischvögelchen mit leichter Roquefortsauce 36
Kalbsfilet mit Karotten-Dill-Sauce 152
Kalbsgeschnetzeltes mit Tomaten-Beurre-blanc 118
Kalbshohrücken mit Orangensenf 83
Kalbsnierstück in Basilikum-Speck-Mantel 80
Kalbsragout an Portweinsauce mit Rösttomaten 24
Kalbsröllchenspiesse mit Basilikumbutter 125
Kalbsschnitzel mit Gurkensauce 147
Kalbssteak mit Balsamico-Salbei-Rahm 56
Kalbssteak, doppeltes, mit Senfkruste 130
Kalbssteak, doppeltes, überbacken mit Tomaten-
Basilikum-Hollandaise 105
Kaninchenfilet mit Zitronensauce 55
Lammbraten, ligurischer 172
Lammchops mit Portwein-Rosinen-Sauce 60
Lammfilets mit Peperonibuttersauce 122
Lamm-Gemüse-Curry, schnelles 160
Lammgeschnetzeltes mit Oliven-Cherrytomaten-Sauce 159
Lammgigot mit weissen Bohnen 175
Lammhuft mit Portweinschalotten 168
Lammhüftchen mit würziger Madeirasauce 75
Lammrack mit Olivensauce 64
Lammrack mit Zucchetti-Kräuter-Kruste 134
Lammrückenfilet an Portweinsauce mit Zimt
und Schokolade 63
Lammrückenfilet mit Dörrtomatenkruste und
Balsamico-Hollandaise 106
Oliven-Pouletbrüstchen mit Basilikumjus 52
Pfeffer-Entrecôte auf Spinat mit Zitronenmayonnaise 97
Pouletbrüstchen auf gebratenen Tomaten
mit Safranschaum 98
Pouletbrüstchen mit Apfelchampagner-Sauce 50
Pouletbrüstchen mit Pfeffer-Rhabarber 156
Pouletbrüstchen mit Sommergemüse und
Basilikummayonnaise 94
Pouletbrüstchen, gefüllt, mit Spinatsauce 148
Pouletbrüstchen, in Milch pochiert,
mit Frühlingszwiebel-Kräuter-Sauce 155
Pouletbrüstchen, überbacken, mit Senfbuttersauce 126
Pouletröllchen mit Meerrettich und Sherrysauce 35
Pouletwürfel mit Liebstöckelsauce 32
Rahmschnitzel mit leicht karamellisierter Estragonsauce 43
Rehsteak mit Kirschensauce 59
Rindsfilet mit Schnittlauch-Beurre-blanc 137
Rindsfilet, mit Pilzen gefüllt, an Wacholdersauce 79
Rindshuftröllchen mit Kresse und Nüssen
an leichter Zitronensauce 40
Rindshuftsteak mit Safranzwiebeln 164
Rindshuftstreifen mit Stilton-Whisky-Sauce 31
Rindsmedaillon mit Senf-Estragon-Kruste 133
Roastbeef mit klassischer Rotweinsauce 87
Rosmarin-Schweinsfilet mit Marsalajus 67
Rumpsteak mit Sauce Robert 47
Schweinsbraten mit Tomaten-Rum-Sauce 84
Schweinsfilet mit Peperoni-Sabayon 102
Schweinsfilet mit roter Knoblauchsauce 151
Schweinsfilet, gefüllt, mit Tomatenrahmsauce 68
Schweinsfiletmedaillons mit Orangenbutter 129
Schweinsfiletmedaillons mit schwarzem Pfeffer
und Cognacsauce 48
Schweinsfilet-Peperoni-Röllchen mit Sherryjus 39
Schweinsgeschnetzeltes, mariniert, mit Pfefferbuttersauce 121
Schweinskotelett mit Gin-Rahmsauce 71
Schweinsnierstück mit Bistrosauce 110
Schweinsschnitzelchen mit Dörrtomaten-Steinpilz-Jus 44
Suppenhuhn 22
Truthahnbrust mit Knoblauch-Pilz-Sauce 171
Truthahnbrust, mariniert, mit Salbeibutter 138
Truthahnschnitzel mit Lauch-Curry-Sauce 144

BEILAGEN

Artischocken, geschmort, mit Speck, Kräutern
und Dörrtomaten 188
Bohnen, weisse 175
Cherrytomaten-Basilikum-Bulgur 185
Chicorée, karamellisiert 179
Erbsotto 191
Gemüse-Couscous 180
Gemüsepilaw, orientalischer 181
Karotten mit grünen Oliven 178
Karottenpüree mit grünem Pfeffer 190
Kartoffelküchlein mit Spinat 193
Kartoffeln nach Risottoart 190
Kastanienragout 163
Kerbelrisotto 186
Knollenselleriepüree mit Olivenpaste 182
Kräuterkartoffeln, in der Folie gebacken 186
Kürbis-Knoblauch-Püree 184
Mandelspätzli 182

Pistazien-Zitronen-Reis 189
Polentacreme 185
Portweinschalotten 168
Quark-Griess-Gnocchi 181
Rosmarinkartoffeln 192
Safranrisotto 179
Safranzwiebeln 164
Schupfnudeln 189
Sommergemüse 94
Spinatküchlein 187
Spinat-Tomaten-Risotto, gestürzter 183

SAUCEN

Aïoli 91
Apfelchampagner-Sauce 51
Balsamico-Hollandaise 106
Balsamico-Salbei-Rahm 56
Basilikumjus 52
Basilikummayonnaise 94
Béarnaise, Sauce 93
Beurre blanc 116
Bistrosauce 110
Cherrytomatensauce 167
Choron, Sauce 93
Cocktailsauce 91
Cognacsauce 48
Dörrtomaten-Steinpilz-Jus 44
Estragonsauce, leicht karamellisiert 43
Frühlingszwiebel-Kräuter-Sauce 155
Gemüse-Curry 160
Gemüsesauce, Grundrezept 143
Gin-Rahmsauce 71
Glühweinsauce 76
Gurkensauce 147
Haselnusssauce 72
Hollandaise, Grundrezept 92
Kalbsnierstück, Sauce 80
Karotten-Dill-Sauce 152
Kirschensauce 59
Knoblauch-Pilz-Sauce 171
Knoblauchsauce 151
Lauch-Curry-Sauce 144
Liebstöckelsauce 32
Madeirasauce 75
Maltaise, Sauce 93
Marsalajus 67
Marsalaschaum 109
Mayonnaise, Grundrezept 90
Mayonnaise, leichte 91
Morchel-Kerbel-Sauce 28
Mousseline, Sauce 93
Oliven-Cherrytomaten-Sauce 159
Olivensauce 64
Orangensauce 83
Peperonibuttersauce 122
Peperoni-Sabayon 102
Pfefferbuttersauce 121
Pfeffer-Rhabarber 156
Portwein-Rosinen-Sauce 60
Portweinsauce mit Zimt und Schokolade 63
Robert, Sauce 47
Roquefortsauce, leichte 36
Rotweinsauce, klassische 87
Safranschaum 98
Schnittlauch-Beurre-Blanc 137
Senfbuttersauce 126
Sherryjus 39
Sherrysauce 35
Spinatsauce 148
Steinpilz-Hollandaise 101
Stilton-Whisky-Sauce 31
Tartare, Sauce 91
Tomaten-Basilikum-Hollandaise 105
Tomaten-Beurre-Blanc 118
Tomatenrahmsauce 68
Tomaten-Rum-Sauce 84
Wacholdersauce 79
Zitronenmayonnaise 97
Zitronensauce 55
Zitronensauce, leichte 40

BUTTERMISCHUNGEN, KRUSTEN & CO.

Basilikumbutter 125
Basilikum-Speck-Mantel 80
Basilikum-Tomaten-Butter 115
Dörrtomatenkruste 106
Gorgonzolabutter 115
Kräuterbutter, Grundrezept 114
Olivenbutter 115
Orangenbutter 129
Orangensenf 83
Paprikabutter 122
Pesto 172
Pfefferbutter 115
Rotweinbutter 115
Salbeibutter 138
Senf-Estragon-Kruste 133
Senf-Nuss-Kruste 130
Zitronenbutter 115
Zucchetti-Kräuter-Kruste 134

Annemarie Wildeisen

Journalistin, Kochlehrerin und Hausfrau. Sie ist Chefredaktorin der bekannten Kochzeitschrift «KOCHEN», leitet eine Privatkochschule in Bern und ist in einer täglichen Kochsendung in verschiedenen Privatfernsehstationen der Schweiz zu sehen. Im AT Verlag sind von ihr derzeit 20 Buchtitel lieferbar. Viele ihrer Kochbücher sind Bestseller.

www.wildeisen.ch

DIE BÜCHER VON ANNEMARIE WILDEISEN IM AT VERLAG

Kochen für Gäste
Unkomplizierte Menüs zum Vorbereiten

Zusammen mit Florina Manz
Heissgeliebtes Backen
100 Rezepte süss und pikant

Lauter Lieblingsgerichte
Rezepte aus meiner Gästeküche

Meine Sommerküche
Farben Düfte und Aromen zum Geniessen

Meine 100 besten TV-Rezepte
Einfach, schnell und raffiniert

So koche ich jeden Tag
Meine schönsten neuen TV-Rezepte

Meine Expressküche
Neue schnelle TV-Rezepte

Fleisch sanft garen
bei Niedertemperatur

Fleisch schnell garen bei Niedertemperatur
Kleine Fleischstücke sanft zubereitet

Gemüseküche

Fischküche
Meine 110 besten Rezepte

Fleischküche
Braten, schmoren, Niedertemperatur-garen
Küchenpraxis und 120 Rezepte

20-Minuten-Küche

Eine Prise Süden

Lauter Lieblingsdesserts

Eiscreme, Glace, Sorbet
Die besten Rezepte

Gourmet-Menüs aus dem Profi Steam

Schnell für 2
Unkomplizierte Gourmetrezepte für jeden Tag

AT Verlag
Bahnhofstrasse 41
CH-5000 Aarau
Tel. +41 (0)58 200 44 00,
Fax +41 (0)58 200 44 01
info@at-verlag.ch
www.at-verlag.ch